ENCICLOPEDIA BRITANNICA para NIÑOS

EL ESPACIO

Traducción de
Francesc Reyes Camps

Montena

PREFACIO

La *Enciclopedia Britannica* ha inspirado la curiosidad y la alegría de aprender desde 1768. Este libro continúa en la misma tradición. Te llevará en un viaje por un mundo de interesantísimas informaciones. Cada vez que pases una página encontrarás algo nuevo que explorar.

Pero, por sorprendente y fascinante que sea lo que encuentres en cada página, todo lo que compartimos contigo está siempre sujeto a cambios. Y eso es algo que aprovechamos: busca las secciones que describen las «incógnitas conocidas». Los especialistas, investigadores y otras mentes brillantes que nos han ayudado a crear este libro son los que, en su vida diaria, configuran los límites de nuestro conocimiento. Trabajan inspirados por la pasión y la dedicación a la exactitud, de modo que nos ayudan a todos a entender mejor el mundo. Y eso incluye entender lo que todavía no sabemos.

Creemos que los hechos cuentan y nos esforzamos en ser exactos y rigurosos con toda la información que compartimos en cada página de este libro. A través de sus más de 250 años de existencia, la *Enciclopedia Britannica* ha apostado por la indagación y la exploración, el trabajo con los expertos y el impulso a la innovación. Por eso es un gran honor participar en el lanzamiento de los Britannica Books, una colaboración entre Britannica y What on Earth Publishing, con Christopher Lloyd y esta novísima enciclopedia.

J. E. Luebering
Director editorial
Encyclopaedia Britannica

CONTENIDO

El Sol es una enorme bola plasmática
de fuego de átomos tan caliente que
no dispone de superficie fija. La mayoría
de los procesos en la Tierra se producen
gracias a la gran cantidad de calor y luz
generadas por el Sol, y eso que está a unos
150 millones de kilómetros de nosotros.

INTRODUCCIÓN

por Christopher Lloyd

Prepárate para realizar un viaje increíble por nuestro universo. En este momento estás situado en una enorme bola de roca, una bola que se desplaza por el espacio a millones de kilómetros por hora en el remolino de una galaxia de miles de millones de bolas de fuego. Esta roca, claro, es nuestra Tierra. Y las bolas de fuego son las estrellas, entre las que se incluye nuestro Sol. Espero que este único hecho sea suficiente para convencerte de que la realidad es mucho más sorprendente que cualquier fruto de la imaginación.

En este libro empezamos por la inimaginablemente pequeña mota de infinita energía a partir de la cual el universo explotó y comenzó su existencia hace 13.800 millones de años y acabaremos con una incógnita conocida: ¿cómo y cuándo llegará el universo a su fin, si es que eso ocurre? Lo que nos recuerda que, por cada respuesta que obtenemos, existen muchas preguntas adicionales: ¿hay vida inteligente en alguna otra parte del universo?, ¿por qué hay más materia que antimateria?, ¿qué ocurriría si un astronauta cayera en un agujero negro? Hay mucho que descubrir, incluso sobre lo desconocido.

EL *BIG BANG*

1 SEGUNDO

3 MINUTOS

300.000 AÑOS

1.000 MILLONES DE AÑOS

13.800 MILLONES DE AÑOS

1

El principio
El universo empieza como una mota minúscula con toda la materia y la energía conocidas apretadas en ella

2

Expansión masiva
En una fracción de segundo, la mota se expande rápidamente desde un tamaño inferior a un átomo hasta una amplitud de alrededor de 20 años luz

3

Elementos clave
Tres minutos después del *big bang*, el universo se enfría lo bastante como para que se formen átomos de hidrógeno y helio

4

Luz en trayecto
Finalmente, 300.000 años después del *big bang*, la luz viaja libremente a través del universo

El *big bang* es el momento en el que creemos que nació el universo hace 13.800 millones de años. Explica cómo una diminuta mota se expandió de pronto más deprisa que la velocidad de la luz y creó el universo entero. El astrónomo belga Georges Lemaître, el primero en proponer esta teoría en 1927, llamó a esa mota «el átomo primitivo». Toda la materia en el universo se inició en esta pequeña partícula y al final se convirtió en lo que ves hoy a tu alrededor.

¿Qué ocurrió en el *big bang*?

El *big bang* tuvo lugar en una fracción de segundo. Los científicos creen que fue más una expansión que una explosión. Todo empezó con un gran calor, de miles de millones de grados, pero luego se enfrió. Cuando se enfrió hasta miles de grados centígrados, los átomos se juntaron y formaron la materia. Esta finalmente se aglutinó para formar las estrellas, las galaxias, los sistemas solares y los planetas.

5

Forma incipiente
El hidrógeno y el helio forman nubes de gas que crean las primeras estrellas y luego las galaxias

6

Universo actual
Las estrellas explotan y producen nuevos elementos, que forman los planetas, las lunas y todo lo que vive en la Tierra

ASESORA ESPECIALIZADA: Sarah Tuttle

Evidencias del *big bang*

Nuestra mejor prueba del *big bang* procede de eso que se conoce como «fondo de microondas cósmico» (CMB, *Cosmic Microwave Background*) que se observa en esta foto del cielo nocturno. La imagen muestra el calor dejado por el *big bang* que se extendió finamente por todo el universo. Esta imagen la captaron los científicos por medio de la sonda de anisotropía de microondas Wilkinson (WMAP, *Wilkinson Microwave Anisotropy Probe*) de la NASA.

Los lugares en los que la masa se ha aglutinado, formando galaxias, aparecen más calientes en el CMB

Hay menos galaxias en los lugares en los que la masa no se ha aglutinado

Los colores muestran las diferencias en el calor del universo. Las áreas más frías son azules y las áreas más calientes son rojas

Interferencia palomina

En 1964 los astrónomos norteamericanos Arno Penzias y Robert Wilson utilizaban un radiotelescopio para estudiar el universo cuando se encontraron con una gran interferencia estática (como una mala conexión en una videollamada). Pensaron que el problema podían motivarlo los excrementos de paloma, pues una pareja había anidado en su telescopio. Pero las capturaron, y el ruido no se detuvo. Finalmente, los dos hombres comprendieron que estaban oyendo el eco de la radiación del fondo de microondas cósmico: ¡una prueba del *big bang*!

H 75% **He 25%**

¡CuriosiDATOS!

El hidrógeno y el helio fueron los únicos elementos en el origen del universo. Formaron estrellas enormes. En el núcleo de estas estrellas se crearon nuevos elementos. Cuando las estrellas explotaron, liberaron al espacio otros elementos.

INCÓGNITAS CONOCIDAS

¿Por qué hay más materia que antimateria en el universo?

Lo opuesto a la materia es la antimateria. Cuando la materia y la antimateria colisionan, quedan destruidas y dejan solamente energía. Los científicos creen que ambas se crearon en iguales cantidades en el *big bang*, así que ¿por qué la antimateria no anuló la materia que hizo el universo y todo lo que hay en él? Los científicos todavía no conocen la respuesta.

¡NOTA del experto!

SARAH TUTTLE
Astrónoma

La profesora Sarah Tuttle está especializada en la observación de galaxias cercanas. Le gusta pensar que puede mirar al cielo nocturno y retrotraerse en él hasta el principio del universo. Le gusta considerar qué dio origen al universo: ¿qué existía antes del *big bang*?

❮❮ *¿Viajamos a través del tiempo o a través del espacio? ¿O de ambos?* ❯❯

GALAXIAS

La mayor parte del universo visible está hecho de galaxias, grandes agrupaciones de estrellas, polvo y gas unidos por la gravedad. Los científicos piensan que debe de haber 100.000 millones de galaxias en el universo. Muchas de ellas, incluida nuestra Vía Láctea, son casi tan viejas como el mismo universo.

¿Qué aspecto tiene una galaxia desde la Tierra?

Casi todas las estrellas que podemos ver a simple vista pertenecen a la Vía Láctea, aunque Andrómeda, la galaxia más cercana a la Tierra, puede observarse sin un telescopio desde el hemisferio norte (al norte del ecuador). En el hemisferio sur, los observadores de estrellas pueden contemplar a veces las Nubes de Magallanes, dos galaxias que orbitan la Vía Láctea.

La banda polvorienta de estrellas en lo alto de la imagen es el disco principal de nuestra Vía Láctea

Galaxia de Andrómeda, la más cercana a nuestra galaxia

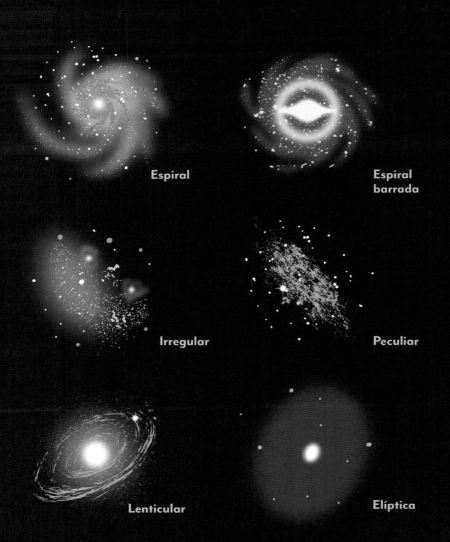

Espiral

Espiral barrada

Irregular

Peculiar

Lenticular

Elíptica

Venus poniéndose en el Dinosaur National Park, en Alberta, Canadá

Tipos de galaxias

Los astrónomos clasifican las galaxias según su forma. Una galaxia espiral se extiende a partir del centro. Una espiral barrada como nuestra Vía Láctea es similar, pero tiene una barra de estrellas cerca del centro. Las galaxias irregulares y peculiares no están tan bien definidas, mientras que una galaxia espiral sin brazos recibe el nombre de galaxia lenticular. Las galaxias elípticas tienen forma de huevo.

ASESOR ESPECIALIZADO: Toby Brown **VER TAMBIÉN:** El *big bang*, pp. 6-7; La Vía Láctea, pp. 10-11; Estrellas, pp. 12-13; Investigar el espacio desde el espacio,

Cuando las galaxias colisionan

Todo en el universo se mueve. Esta imagen muestra la galaxia NGC 6052, formada a partir de la colisión de dos galaxias. Dentro de unos 4.500 millones de años, la Vía Láctea se mezclará con la galaxia de Andrómeda. Formarán lo que los científicos han llamado Lactómeda.

HENRIETTA SWAN LEAVITT

**Astrónoma, 1868-1921
EE. UU.**

Hasta el siglo XX, la mayoría de los científicos pensaba que la Vía Láctea era el universo entero. Pero en 1912 la astrónoma americana Henrietta Leavitt descubrió una nueva manera de calcular la distancia a las estrellas que, finalmente, ayudaría a probar que algunas están demasiado lejos como para pertenecer a nuestra galaxia. En 1924 Edwin Hubble utilizó el método de Leavitt para probar que Andrómeda constituía una galaxia aparte.

INCÓGNITAS CONOCIDAS

¿Encontraremos vida inteligente en el universo? ¿Cómo será?

El enorme número de galaxias, estrellas y sistemas solares en el universo, lo mismo que las leyes de la física, implica que pueda haber otros planetas como la Tierra donde la vida inteligente haya evolucionado. Para muchos científicos, la pregunta principal no es si hay o no vida inteligente en algún otro lugar del universo, sino cómo puede ser y cómo podemos encontrarla.

A VÍA LÁCTEA

estro sistema solar pertenece a una galaxia llamada Vía Láctea, que en una
che oscura podemos ver como una banda de estrellas que cruza el cielo.
Vía Láctea que hoy conocemos se formó a partir de muchas galaxias menores
e colisionaron e interactuaron a lo largo de los últimos 13.500 millones de años.
n una forma de enorme galaxia espiral, tiene dos grandes brazos de estrellas
rotación y dos brazos menores que se extienden a partir de su centro.

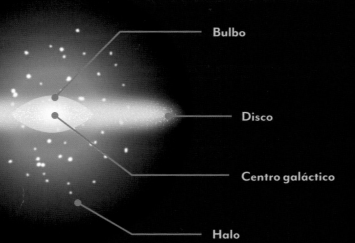

Bulbo

Disco

Centro galáctico

Halo

bulbo central de luz

forma de nuestra galaxia —y su bulbo central— se puede entender
jor cuando se mira desde el lado. La mayoría de sus miles de millones
estrellas están en el disco plano alrededor del bulbo, pero algunas
edan más hacia fuera, en un halo alrededor del centro galáctico.

El brazo galáctico
de Escudo-Centauro
se difumina a
una distancia de
55.000-60.000 años
luz de la Tierra

La Vía Láctea en números
LA SUPERLISTA

1. **1,12 billones de años:** el tiempo que le llevaría cruzar
la Vía Láctea a un coche a una velocidad de 96 km/h.
2. **13.500 millones de años:** el número de años desde
que la Vía Láctea se formó en el inicio del universo.
3. **25.000 años luz:** la distancia de nuestro sistema solar
al centro de la Vía Láctea.
4. **100.000-400.000 millones:** el número de estrellas
que los científicos creen que hay en la Vía Láctea. El número
preciso es imposible de calcular, según los científicos de
la NASA.
5. **Cientos de miles de millones:** el número de planetas de
la Vía Láctea si cada estrella alberga uno o varios planetas.
6. **240 millones de años:** el tiempo que le lleva rotar
a la Vía Láctea.
7. **4.500 millones de años:** el número de años que, según
los cálculos, transcurrirán antes de la colisión de la Vía Láctea
con una galaxia vecina llamada Andrómeda.

Se cree que el
brazo exterior es
la parte exterior del
brazo de Norma

Un halo de materia
oscura rodea la
Vía Láctea y forma
alrededor de un
90 % de su masa

ESORA ESPECIALIZADA: Michelle Thaller VER TAMBIÉN: El *big bang*, pp. 6-7; Galaxias, pp. 8-9; Estrellas, pp. 12-13; Nebulosas, pp. 14-15; Constelaciones,
16-17; Investigar el espacio desde el espacio, pp. 18-19; Agujeros negros, pp. 20-21; Nuestro sistema solar, pp. 24-25.

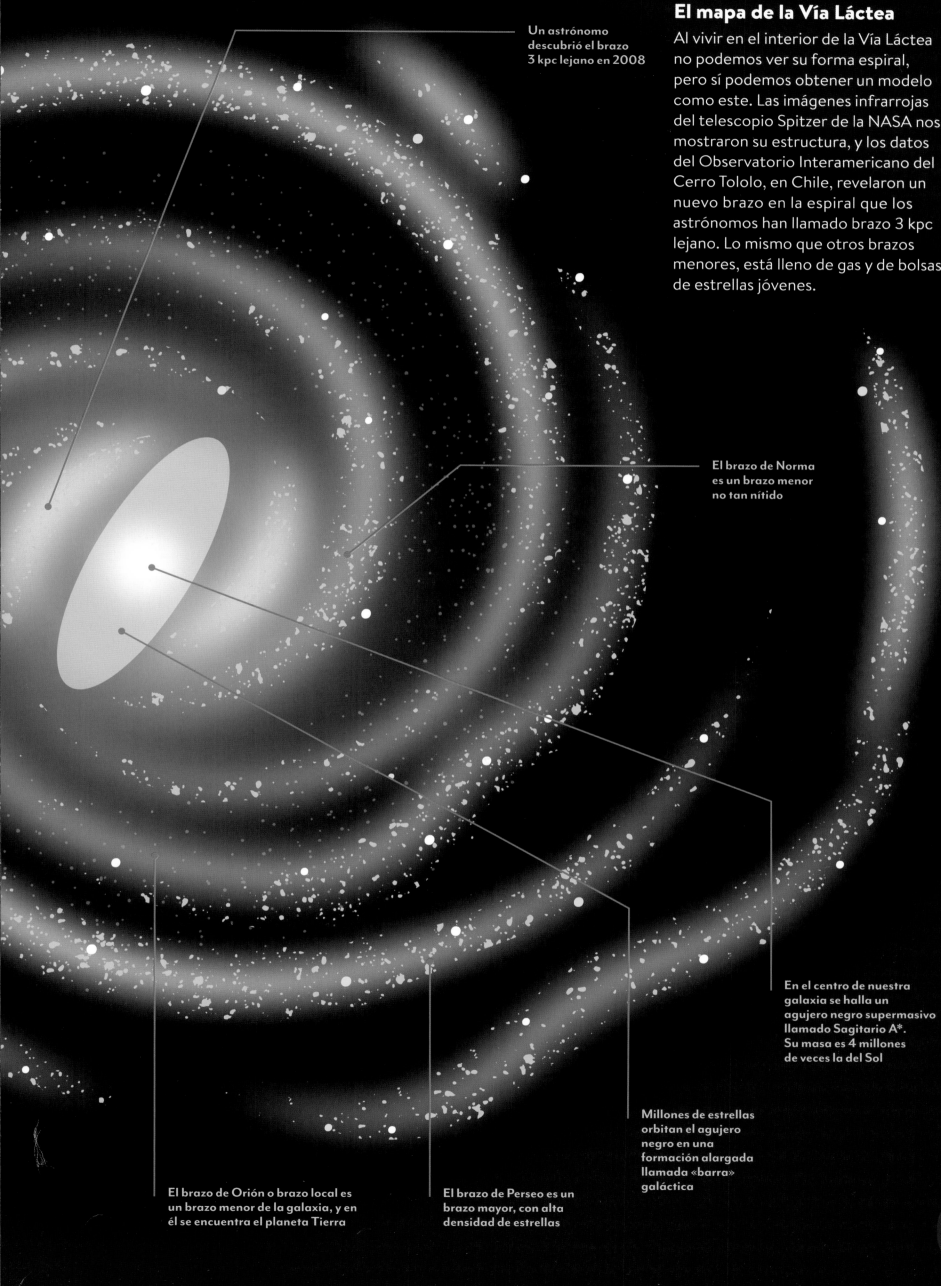

Un astrónomo
descubrió el brazo
3 kpc lejano en 2008

El mapa de la Vía Láctea

Al vivir en el interior de la Vía Láctea
no podemos ver su forma espiral,
pero sí podemos obtener un modelo
como este. Las imágenes infrarrojas
del telescopio Spitzer de la NASA nos
mostraron su estructura, y los datos
del Observatorio Interamericano del
Cerro Tololo, en Chile, revelaron un
nuevo brazo en la espiral que los
astrónomos han llamado brazo 3 kpc
lejano. Lo mismo que otros brazos
menores, está lleno de gas y de bolsas
de estrellas jóvenes.

El brazo de Norma
es un brazo menor
no tan nítido

En el centro de nuestra
galaxia se halla un
agujero negro supermasivo
llamado Sagitario A*.
Su masa es 4 millones
de veces la del Sol

Millones de estrellas
orbitan el agujero
negro en una
formación alargada
llamada «barra»
galáctica

El brazo de Orión o brazo local es
un brazo menor de la galaxia, y en
él se encuentra el planeta Tierra

El brazo de Perseo es un
brazo mayor, con alta
densidad de estrellas

ESTRELLAS

Las estrellas son bolas de gas gigantes. En el universo conocido hay un gran número de estrellas. Un proceso llamado fusión nuclear tiene lugar en el núcleo de estas bolas de gas, lo que produce grandes cantidades de energía en forma de luz y de calor. El brillo de una estrella depende de la cantidad de energía que crea y del punto de ciclo de vida en que se encuentra la estrella. La mayoría de las estrellas, como nuestro Sol, están orbitadas por planetas.

La pieza ocular puede cambiarse para alterar el nivel de aumento

Los telescopios nos ayudan a ver muchas más estrellas que los pocos miles que podemos contemplar a simple vista

¿Por qué parpadean las estrellas?

Las estrellas parpadean debido a nuestra atmósfera. La luz de estrellas distantes llega a nuestro planeta desviada (refractada) por los cambios de temperatura y densidad de la atmósfera. Cuando miramos a una estrella, esta parece «pestañear», pero no es más que el paso en zigzag de la luz en su viaje hacia nosotros.

El científico italiano Galileo Galilei fue el primero en utilizar un telescopio para observar objetos en el espacio en 1609

Contemplación de las estrellas

Para estudiar las estrellas más detalladamente necesitamos un telescopio. El telescopio refractor recoge la luz de las estrellas mediante el uso de lentes (piezas curvas de vidrio) y un tubo largo. Cuando los rayos de luz de una estrella penetran en el tubo, las lentes los desvían a un punto focal, con lo que se produce una imagen de la estrella. Otra lente llamada ocular aumenta entonces la imagen.

ASESOR ESPECIALIZADO: Ian Morison **VER TAMBIÉN:** El *big bang*, pp. 6-7; Galaxias, pp. 8-9; Nebulosas, pp. 14-15; Constelaciones, pp. 16-17; El Sol, pp. 26-27; Fin del universo, pp. 48-49.

Ciclo de vida de una estrella

Las estrellas pueden vivir durante millones o incluso miles de millones de años. Eso depende de la cantidad de materia que cada estrella contenga. Cuanto más grande sea la estrella, más deprisa consume su combustible y más corta será su vida. Nuestro Sol, que es una enana amarilla, se expandirá hasta ser una gigante roja dentro de unos 5.000 millones de años y luego explotará, dejando tras de sí un objeto denso denominado enana blanca.

Las estrellas se forman en nubes de polvo y gas, llamadas nebulosas, que son atraídas por la gravedad

Si hay mucho polvo y gas, puede formarse una estrella extremadamente grande

Si hay menos polvo y gas, pueden formarse estrellas enanas más pequeñas

Nuestro Sol es una enana amarilla, un tipo de estrella bastante común

Uno de los tipos de estrella más grande en el universo se denomina supergigante

Al final de la vida de nuestro Sol, se expandirá hasta convertirse en una gigante roja

Cuando una supergigante alcanza el final de su vida, puede explotar como supernova

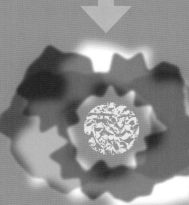

El Sol se desprenderá entonces de las capas exteriores y su núcleo quedará tras una nebulosa de gas

Si la supergigante era muy grande, dejará un agujero negro tras convertirse en supernova

Si no era lo bastante grande, quedará una pequeña estrella densa llamada neutrón

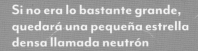

El núcleo restante del Sol será una enana blanca, que brillará como estrella durante billones de años

¡CuriosiDATOS!

Cuando miramos a las estrellas, miramos atrás en el tiempo. Esto es así porque la luz de las estrellas viaja a la velocidad de la luz y tarda un tiempo en llegar hasta nosotros. Ahora vemos nuestra estrella más cercana, Próxima Centauri, a 4,2 años luz de distancia, tal como era hace 4,2 años. La galaxia de Andrómeda está a una distancia de 2,5 millones de años luz, de manera que la vemos tal como era hace 2,5 millones de años.

¡NOTA del experto!

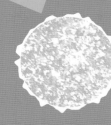

IAN MORISON
Astrónomo

El profesor Ian Morison se interesó por el universo cuando tenía doce años, mientras construía un telescopio. Escribe libros para astrónomos aficionados y ha contribuido al Proyecto Phoenix, una investigación sobre vida extraterrestre.

« *Las estrellas crean los elementos como el carbono, el oxígeno, el silicio y el hierro, que permiten la formación de los planetas y de la vida.* »

NEBULOSAS

En el espacio interestelar (las áreas entre las estrellas de una galaxia), el polvo que se arremolina y los gases como el helio y el hidrógeno forman nubes llamadas nebulosas. A veces el gas y el polvo simplemente se agrupan bajo la fuerza de la gravedad, y otras veces los expulsan estrellas moribundas. Algunas de las nebulosas más grandes e impresionantes se forman por la explosión de una supernova, un suceso que puede llevar a la creación de nuevas estrellas.

Vientos de las estrellas cercanas dan forma a las torres de gas y polvo

Estrellas más viejas

Gas

Polvo

Estrellas nuevas

Guardería de estrellas

La nebulosa RCW 49, en la constelación meridional Carina, es una guardería para más de 2.000 nuevas estrellas. Normalmente, un polvo oscuro oculta la nebulosa, pero esta imagen infrarroja tomada por el telescopio espacial Spitzer de la NASA capta materia enviando radiación infrarroja (un tipo de luz que sentimos como calor) que puede pasar a través del polvo y del gas. La imagen muestra estrellas viejas (en el centro) y muchas estrellas nuevas.

Los Pilares de la Creación

Una de las nebulosas más famosas es la nebulosa del Águila, especialmente una sección llamada los Pilares de la Creación. A unos 6.500 años luz de la Tierra, en la espiral de Orión de la Vía Láctea, esta excepcional masa de polvo y gas forma nubes en forma de pilar con una longitud de cinco años luz. La nebulosa del Águila tiene una extensión aproximada de unos 70 años luz.

ASESOR ESPECIALIZADO: Ian Morison **VER TAMBIÉN:** El big bang, pp. 6-7; Galaxias, pp. 8-9; La Vía Láctea, pp. 10-11; Estrellas, pp. 12-13; Gigantes gaseosos

Los diferentes colores indican los elementos químicos que están presentes en una nebulosa. El rojo indica azufre

Distintos tipos de nebulosas

Los científicos clasifican las nebulosas según su apariencia y según su formación. Pueden ser muy grandes (unos cuantos centenares de años luz de extensión) y a veces tienen formas fantásticas, aunque las nebulosas planetarias, que se expanden desde el centro, a menudo son pequeñas (alrededor de dos años luz de extensión) y uniformes. En sentido amplio, las nebulosas se dividen en brillantes y oscuras.

Las nebulosas planetarias, formadas por estrellas moribundas pero que no son supernovas, a menudo son redondas.

La luz ultravioleta de las estrellas muy calientes excita los átomos de hidrógeno de una nebulosa de emisión, con lo que emite luz roja.

El polvo en una nebulosa de reflexión esparce la luz azul de estrellas muy calientes cercanas. Por sí misma no produce demasiada luz.

La nebulosa de la Cabeza de Caballo, en la constelación de Orión, es una nebulosa oscura, en la que el polvo denso absorbe la luz.

Una supernova

Las estrellas se mantienen en el universo por un equilibrio de fuerzas: la fuerza hacia dentro de la gravedad y la presión hacia fuera del calor y del gas procedente del núcleo interno. Cuando una estrella grande se queda sin combustible, ya no puede sostenerse y la gravedad gana, de modo que la estrella colapsa. Si la cáscara exterior choca con el núcleo de la estrella, rebota otra vez hacia fuera, como en un trampolín. Esta explosión, que es brillante y poderosa, se llama supernova. Todo el polvo y el gas que sale disparado hacia el espacio puede formar una nebulosa, y a veces deja detrás un objeto realmente denso: un agujero negro.

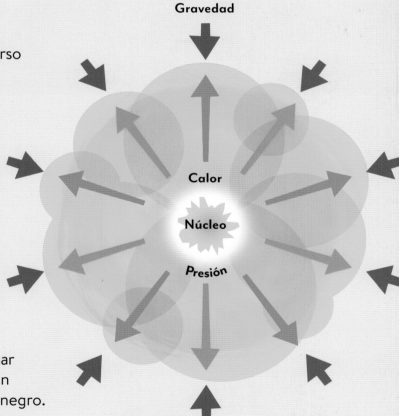

Gravedad

Calor

Núcleo

Presión

¡CuriosiDATOS!

¡Una nebulosa del tamaño de la Tierra podría pesar lo mismo que un pequeño saco de patatas! Esto es así porque el polvo y el gas en una nebulosa son algo realmente ligero. Sin embargo, cuando el polvo y el gas se extienden a lo largo de muchos años luz, la masa y la gravedad son suficientes para que la nebulosa colapse y forme nuevas estrellas.

CONSTELACIONES

Una constelación es un grupo de estrellas que forma un dibujo en el cielo. Las antiguas culturas nombraron las formas que podían ver según modelos como los animales o las figuras mitológicas. Las denominaciones que muchos usamos en la actualidad provienen de los antiguos griegos. Además, las constelaciones que vemos en el cielo dependen de si vivimos al norte o al sur del ecuador y de dónde se encuentre la Tierra en su órbita alrededor del Sol.

Hemisferio norte

Las constelaciones que podemos distinguir fácilmente si vivimos al norte del ecuador son Casiopea, que forma una W, Orión (busca las tres estrellas que forman el cinturón de Orión) y el Cisne, con forma de cruz.

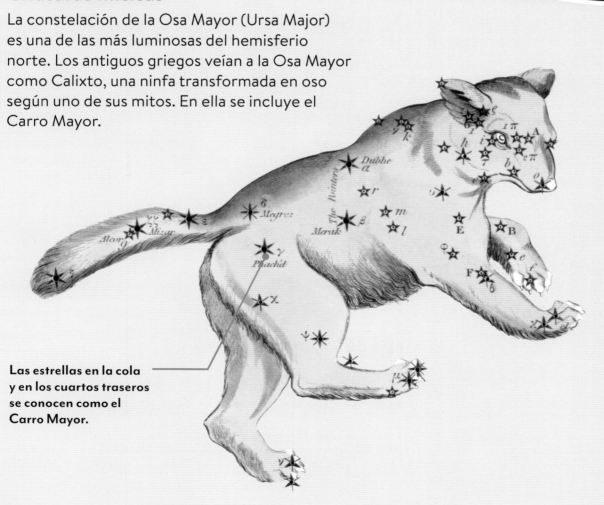

Piscis
Ceto
Acuario
Pegaso
Aries
Tauro
Triángulo
Andrómeda
Delfín
Casiopea
Perseo
Orión
Cisne
Camelopardalis
Áuriga
Águila
Polaris
Géminis
Lira
Osa
Menor
Lince
Ofiuco
Cáncer
Hércules
Draco
Osa Mayor
Corona
Boreal
Boötes
Cabello de
Berenice
Leo

Criaturas míticas

La constelación de la Osa Mayor (Ursa Major) es una de las más luminosas del hemisferio norte. Los antiguos griegos veían a la Osa Mayor como Calixto, una ninfa transformada en oso según uno de sus mitos. En ella se incluye el Carro Mayor.

Las estrellas en la cola y en los cuartos traseros se conocen como el Carro Mayor.

Algunos de los mejores y más oscuros lugares para disfrutar del cielo nocturno

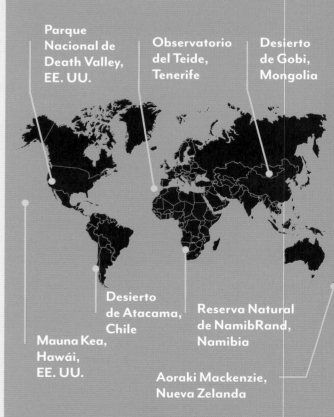

Parque Nacional de Death Valley, EE. UU.

Observatorio del Teide, Tenerife

Desierto de Gobi, Mongolia

Desierto de Atacama, Chile

Reserva Natural de NamibRand, Namibia

Mauna Kea, Hawái, EE. UU.

Aoraki Mackenzie, Nueva Zelanda

ASESOR ESPECIALIZADO: Ian Morison **VER TAMBIÉN:** Galaxias, pp. 8-9; La Vía Láctea, pp. 10-11; Estrellas, pp. 12-13.

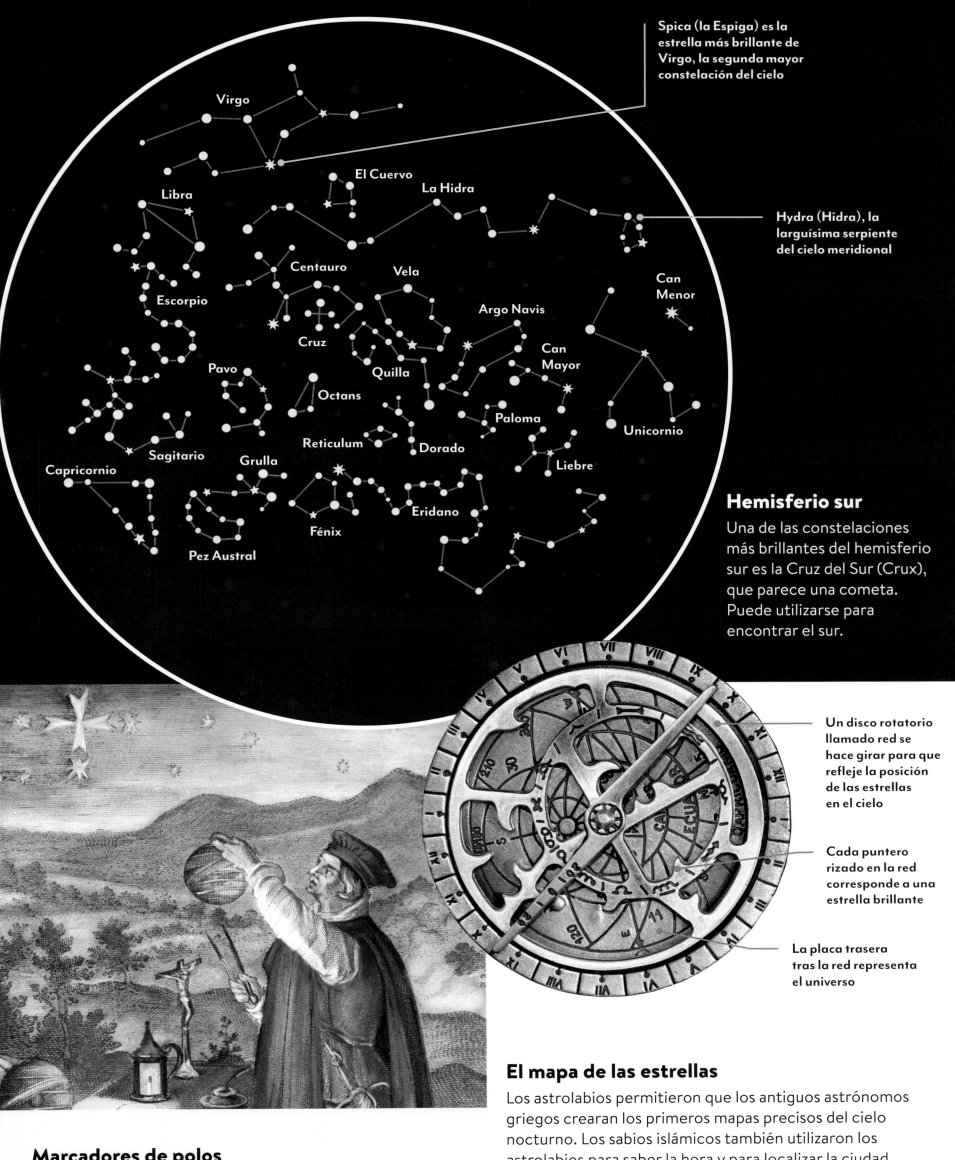

Spica (la Espiga) es la estrella más brillante de Virgo, la segunda mayor constelación del cielo

Hydra (Hidra), la larguísima serpiente del cielo meridional

Virgo

El Cuervo

La Hidra

Libra

Centauro

Vela

Argo Navis

Can Menor

Escorpio

Cruz

Quilla

Can Mayor

Pavo

Octans

Paloma

Unicornio

Reticulum

Dorado

Liebre

Sagitario

Grulla

Capricornio

Eridano

Fénix

Pez Austral

Hemisferio sur

Una de las constelaciones más brillantes del hemisferio sur es la Cruz del Sur (Crux), que parece una cometa. Puede utilizarse para encontrar el sur.

Un disco rotatorio llamado red se hace girar para que refleje la posición de las estrellas en el cielo

Cada puntero rizado en la red corresponde a una estrella brillante

La placa trasera tras la red representa el universo

Marcadores de polos

Los primeros marineros y exploradores usaban la estrella polar (Polaris) sobre el polo norte terrestre, para apuntar al camino hacia el norte y la Cruz del Sur (Crux), para encontrar el sur.

El mapa de las estrellas

Los astrolabios permitieron que los antiguos astrónomos griegos crearan los primeros mapas precisos del cielo nocturno. Los sabios islámicos también utilizaron los astrolabios para saber la hora y para localizar la ciudad santa de La Meca y orientar sus rezos. En el tiempo del descubrimiento de América, a partir del siglo XV, los primeros navegantes utilizaban los astrolabios para encontrar el camino a través de los océanos.

Este espejo secundario enfoca luz infrarroja del espejo principal al telescopio. Desde ahí se transmitirá a la Tierra en forma de datos

Un gran escudo del tamaño de una pista de tenis permite al JWST observar el universo sin que lo ciegue el Sol y sin calentarse demasiado

INVESTIGAR EL ESPACIO DESDE EL ESPACIO

¿Qué secretos ocultan las estrellas? Hoy, gracias a la última tecnología desarrollada en los telescopios, podemos estudiar el universo con gran detalle. El telescopio espacial más conocido es el Hubble (HST, *Hubble Space Telescope*), lanzado en 1990. Ahora se prepara una nueva generación de supertelescopios espaciales para investigar todavía con mayor profundidad el universo. El primero de estos, el James Webb Space Telescope (JWST), dispone de un espejo gigante con baño de oro y observará el universo con infrarrojos, es decir, por medio de la detección del calor que los objetos desprenden.

ASESOR ESPECIALIZADO: Dr. Clifford Cunningham **VER TAMBIÉN:** El *big bang*, pp. 6-7; Agujeros negros, pp. 20-21; Exoplanetas, pp. 22-23; Nuestro sistema solar, pp. 24-25; El Sol, pp. 26-27; Lunas, pp. 34-35; Satélites artificiales, pp. 42-43; Las sondas espaciales, pp. 46-47

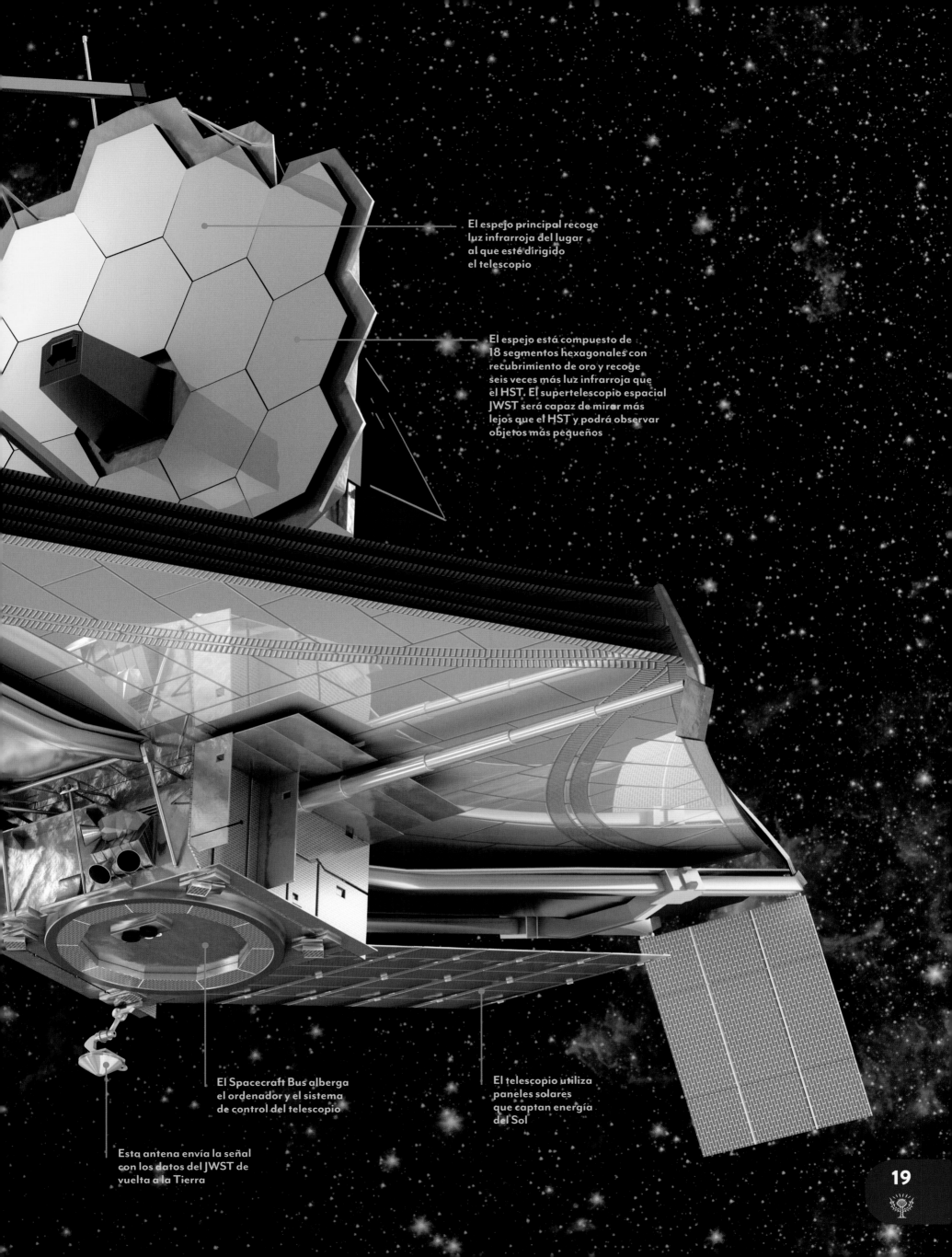

El espejo principal recoge luz infrarroja del lugar al que esté dirigido el telescopio

El espejo está compuesto de 18 segmentos hexagonales con recubrimiento de oro y recoge seis veces más luz infrarroja que el HST. El supertelescopio espacial JWST será capaz de mirar más lejos que el HST y podrá observar objetos más pequeños

El Spacecraft Bus alberga el ordenador y el sistema de control del telescopio

El telescopio utiliza paneles solares que captan energía del Sol

Esta antena envía la señal con los datos del JWST de vuelta a la Tierra

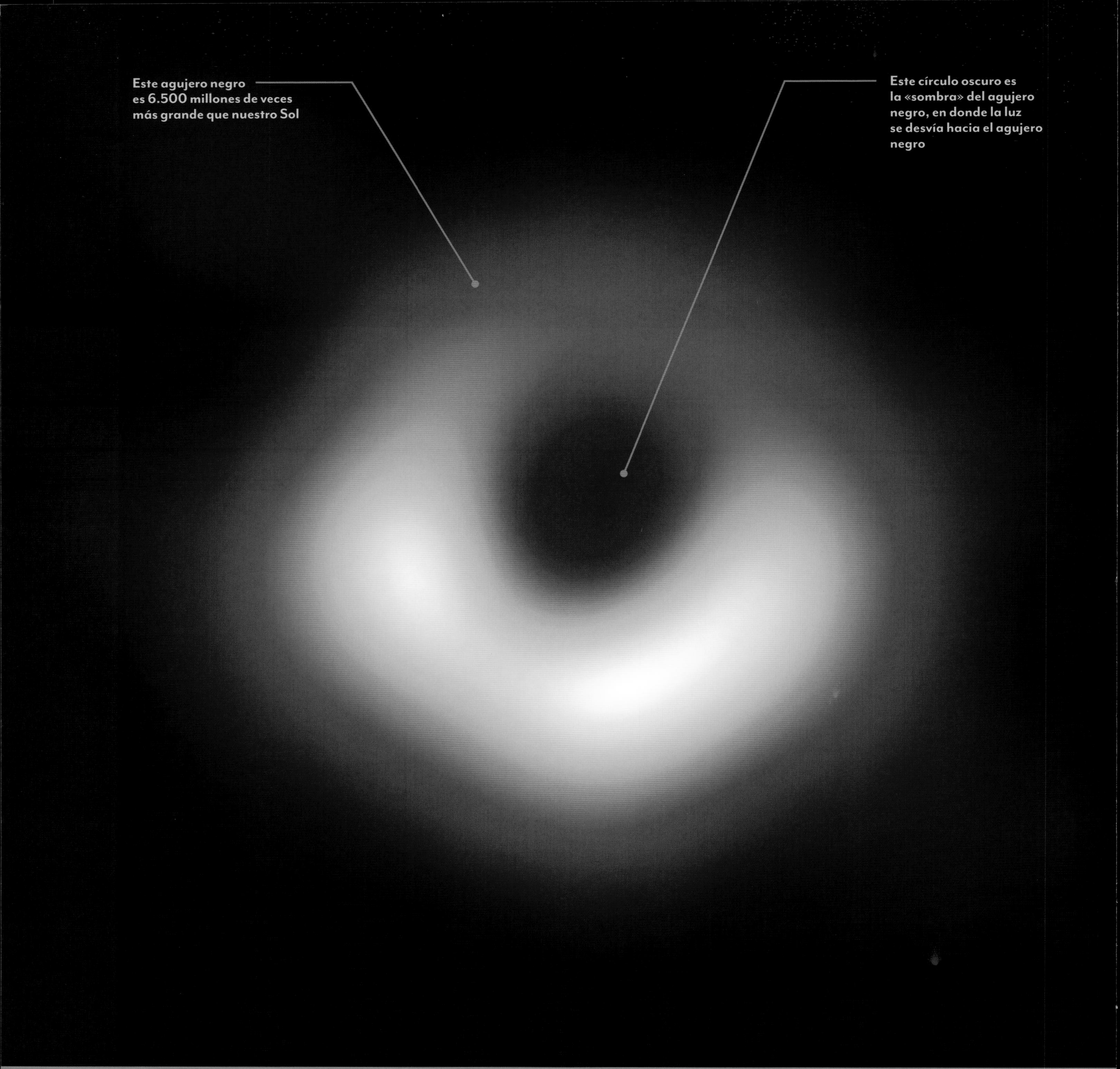

Este agujero negro
es 6.500 millones de veces
más grande que nuestro Sol

Este círculo oscuro es
la «sombra» del agujero
negro, en donde la luz
se desvía hacia el agujero
negro

AGUJEROS NEGROS

Un agujero negro es un objeto en el espacio con una gravedad
tan fuerte que nada se le puede escapar. A menudo se forman
cuando una estrella muere y parte de su materia queda aplastada
en un objeto extremadamente denso. Los agujeros negros
pueden variar desde un miniagujero del tamaño de un átomo, pero
con la masa de una montaña, a los agujeros negros supermasivos
en el centro de las galaxias.

Primera imagen de un agujero negro

Ni siquiera la luz puede salir de un agujero negro,
de modo que son invisibles. Pero en 2019 los
astrónomos vieron gases brillantes alrededor
de un agujero negro en el centro de la galaxia
M87. Utilizaron una red de radiotelescopios
para crear un supertelescopio llamado
Telescopio del Horizonte de Sucesos (EHT,
Event Horizon Telescope). Hasta entonces,
los científicos habían detectado los agujeros
negros por su atracción gravitacional sobre
estrellas y gas caliente.

ASESORA ESPECIALIZADA: Michelle Thaller **VER TAMBIÉN:** El *big bang*, pp. 6-7; Nebulosas, pp. 14-15.

Anatomía de un agujero negro

La gravedad de un agujero negro aumenta hacia su centro. En las afueras, el polvo y el gas forman un disco de acrecimiento que se calienta hasta 100.000.000 °C y gira alrededor del agujero negro. En su interior se encuentra el horizonte de sucesos, en el que nada puede escapar a la atracción del agujero negro. El centro mismo del agujero negro puede ser una singularidad (un punto en el que la materia se aplasta de manera tan compacta que tiene una densidad infinita) o también puede suceder que la materia en estas densidades se comporte de maneras que todavía ni podemos imaginar.

Los agujeros negros supermasivos están en el centro de casi todas las galaxias. El que está en el centro de la Vía Láctea recibe el nombre de Sagitario A*

El polvo y el gas forman un disco supercaliente de acrecimiento que gira alrededor del agujero negro a alta velocidad y que produce radiación electromagnética

El horizonte de sucesos esférico es el punto de no retorno, en el que nada puede escapar a la gravedad del agujero negro. En su centro está la singularidad, un pequeño punto de infinita densidad

Física extraña

En el centro de los agujeros negros, la gravedad es tan fuerte que pueden ocurrir cosas extrañas, fenómenos que perturban las leyes de la física que gobiernan el universo. Dicha gravedad podría hacer que el tiempo permanezca quieto o incluso producir «agujeros de gusano» (túneles) hacia otros lugares del universo.

INCÓGNITAS DESCONOCIDAS

¿Qué sucedería si un astronauta cayese en un agujero negro?

Los científicos creen que un cuerpo arrastrado por el horizonte de sucesos de un agujero negro se «espaguetizaría», es decir, se estiraría como un espagueti por la gravedad del agujero negro. Sin embargo, no sabemos qué ocurriría con el astronauta en el centro mismo del agujero negro.

EXOPLANETAS

El Sol no es la única estrella orbitada por planetas. En nuestra galaxia hay miles de millones de estrellas, y se cree que casi todas tienen planetas. A los planetas que están fuera de nuestro sistema solar los llamamos exoplanetas. Hasta ahora, los científicos han encontrado más de 4.000 exoplanetas. Su tamaño varía desde los que son más pequeños que la Tierra hasta los que son mucho mayores que Júpiter. Los científicos esperan averiguar si en algunos de ellos puede haber vida.

Telescopio Kepler

El telescopio Kepler de la NASA ha encontrado la mayoría de los exoplanetas que se han descubierto hasta ahora. Este telescopio siguió la órbita de la Tierra alrededor del Sol de 2009 a 2018, cuando agotó el combustible. Halló planetas buscando una bajada de luz en las estrellas distantes cuando dichos planetas pasaban por delante. A esto se lo conoce como el método de detección del tránsito.

Un cometa es un pedazo de hielo y roca que queda tras la formación de un sistema solar

Cada sistema solar tiene una estrella en su centro. El Sol es la estrella que está en el centro de nuestro sistema solar

Los gigantes gaseosos suelen formarse lejos de su estrella, donde pueden reunir más polvo y gas

Planetas de reciente formación abren surcos en el disco de polvo de su estrella

Los asteroides son cuerpos rocosos que no consiguieron transformarse en planetas. A veces colisionan con los planetas

¿Cómo se desarrolla un sistema solar?

Un sistema solar se desarrolla cuando una estrella se forma en el centro de un disco de polvo y gas. Al girar la estrella, parte de su polvo y gas se aglutina y forma objetos que van creciendo con el tiempo. Tras millones de años, esto puede llevar a la creación de planetas. Muchos objetos más pequeños se forman durante este tiempo también, como los asteroides y los cometas.

ASESORES ESPECIALIZADOS: Tracy M. Becker y Erik Gregersen **VER TAMBIÉN:** Galaxias, pp. 8-9; La Vía Láctea, pp. 10-11; Estrellas, pp. 12-13; Investigar el espacio desde el espacio, pp. 18-19; El Sol, pp. 26-27; Exploración planetaria, pp. 28-29; Planetas rocosos, pp. 30-31; Gigantes gaseosos, pp. 32-33

¡CuriosiDATOS!

Un año del exoplaneta NGTS-10b ¡solo dura unas 18 horas!

Descubierto en 2019, el NGTS-10b orbita tan cerca de su estrella que completa una órbita cada 18 horas. Creemos que planetas como este, similares a Júpiter, se forman en la parte exterior de un sistema solar antes de verse empujados hacia dentro. Conocidos como «jupíteres calientes», alcanzan miles de grados de temperatura. Al final su estrella acaba destrozándolos.

Primicias exoplanetarias
CRONOLOGÍA

1984 Descubrimiento del primer disco planetario que rodea a otra estrella.

1992 Confirmación de los primeros planetas conocidos que orbitan otra estrella.

1995 Los astrónomos encuentran el primer planeta del que se sabe que orbita una estrella como nuestro Sol (51 Pegasi b).

2004 Los astrónomos toman una imagen de un exoplaneta por primera vez, un mundo llamado 2M1207b.

2009 Lanzamiento del telescopio Kepler de la NASA, que sigue encontrando miles de nuevos planetas.

2015 Descubrimiento del planeta Kepler-452b, del que se cree que es potencialmente habitable, como la Tierra.

2016 Descubrimiento de Próxima Centauri b, un planeta que orbita la estrella más cercana al Sol.

2017 Los científicos comprenden que el sistema de Kepler-90 tiene tantos planetas como nuestro propio sistema solar; descubren también que el sistema TRAPPIST-1 tiene siete planetas de un tamaño parecido al de la Tierra.

2018 Lanzamiento del nuevo telescopio cazador de exoplanetas de la NASA, el TESS.

¡NOTA del experto!

ERIK GREGERSEN
Editor de astronomía

Gregersen es el experto de la *Enciclopedia Britannica* en astronomía y exploración espacial. Le gusta la astronomía porque siempre encuentra algún descubrimiento reciente y sorprendente.

« *El número de exoplanetas, que no para de crecer, es ahora mismo uno de los avances más emocionantes de la astronomía.* **»**

INCÓGNITAS CONOCIDAS

¿Existe una Tierra 2.0?

Se han encontrado miles de exoplanetas, pero a ninguno se lo ha identificado como «Tierra 2.0». En otras palabras, los científicos no han descubierto un planeta que sea como la Tierra orbitando una estrella como el Sol. Un planeta así podría tener vida, como el nuestro. Los astrónomos buscan planetas que orbiten una estrella en la zona habitable: justo a la distancia indicada de una estrella para que las condiciones de vida sean posibles.

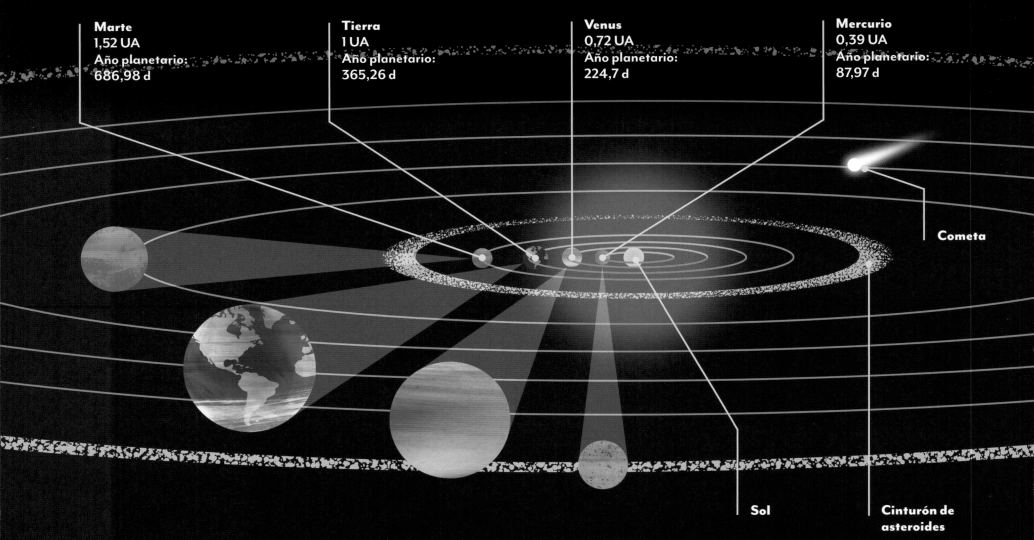

Marte
1,52 UA
Año planetario:
686,98 d

Tierra
1 UA
Año planetario:
365,26 d

Venus
0,72 UA
Año planetario:
224,7 d

Mercurio
0,39 UA
Año planetario:
87,97 d

Cometa

Sol

Cinturón de
asteroides

NUESTRO SISTEMA SOLAR

Nuestro sistema solar es el lugar que llamamos «nuestro hogar».
Contiene el Sol, los planetas, planetas enanos como Plutón, asteroides
y muchos otros objetos que orbitan el Sol. Hay ocho planetas
principales, el más pequeño de los cuales es Mercurio, y el mayor,
Júpiter. Entre Marte y Júpiter se encuentra el cinturón de asteroides,
una vasta región llena de ellos. Más allá de Neptuno se localiza un
cinturón de cometas y asteroides denominado cinturón de Kuiper.
Y más lejos todavía, un distante anillo de cometas, la nube de Oort.

UA = Unidad astronómica: 1 UA
es la distancia media entre la Tierra
y el Sol

m = un minuto Tierra

h = una hora Tierra

d = un día Tierra

a = un año Tierra

Una rotación

El tiempo que tarda
un planeta en rotar una
vez sobre su propio eje
(la línea discontinua
amarilla) se mide
comparándolo con un
día Tierra. Un día Tierra
medio está justo por
debajo de las 24 horas:
23 h, 56 min, 4 s. El día de
Júpiter es el más corto,
con menos de la mitad
de un día Tierra.

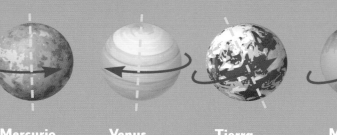

Mercurio
56,65 d

Venus
243,02 d

Tierra
0,99 d

Marte
1,03 d

Júpiter
0,41 d

Saturno
0,44 d

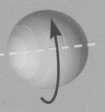

Urano
0,72 d

Neptuno
0,67 d

¡CuriosiDATOS!

**La computadora de cada nave espacial
Voyager solamente dispone de unos
70 kB de memoria, tanto como
una fotografía de internet a muy baja
resolución.** Con esto, han explorado
el sistema solar e incluso más allá durante
más de 40 años.

ASESOR ESPECIALIZADO: Rudi Kuhn **VER TAMBIÉN:** La Vía Láctea, pp. 10-11; Estrellas, pp. 12-13; Exoplanetas, pp. 22-23; El Sol, pp. 26-27;
Exploración planetaria, pp. 28-29; Planetas rocosos, pp. 30-32; Gigantes gaseosos, pp. 32-33; Lunas, pp. 34-35; Asteroides, pp. 36-37.

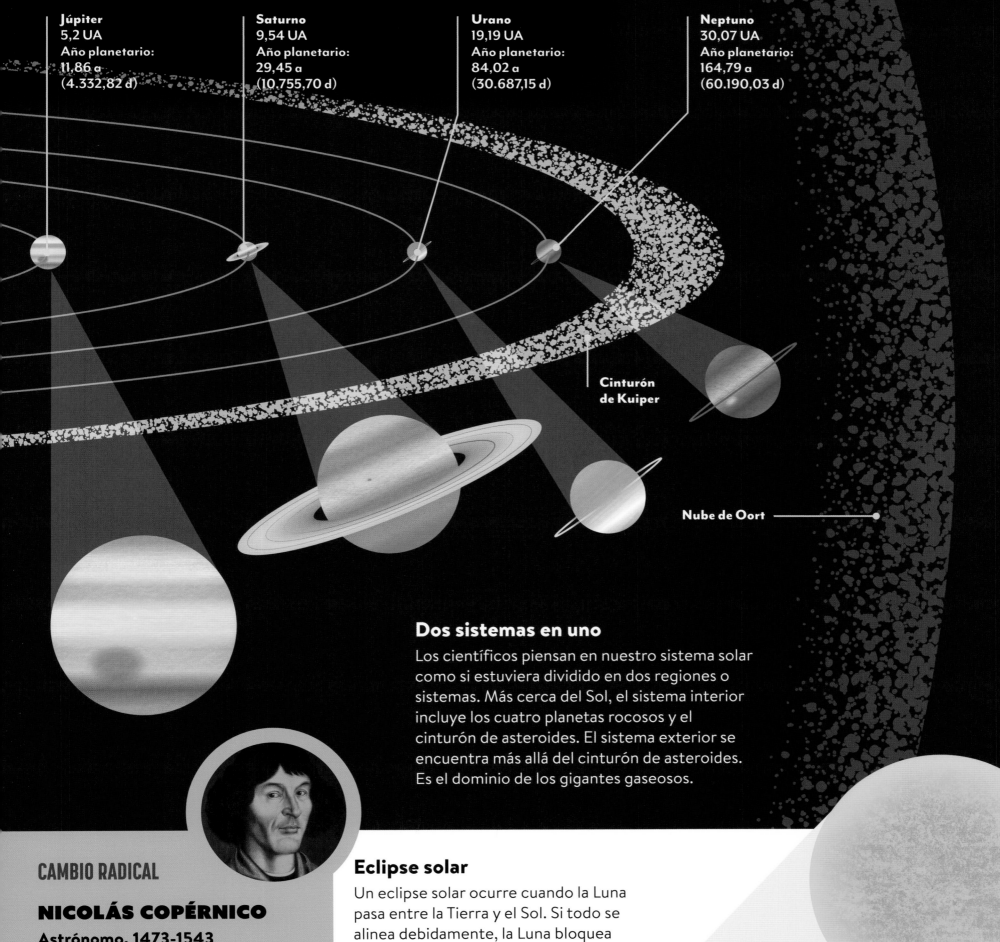

Júpiter
5,2 UA
Año planetario:
11,86 a
(4.332,82 d)

Saturno
9,54 UA
Año planetario:
29,45 a
(10.755,70 d)

Urano
19,19 UA
Año planetario:
84,02 a
(30.687,15 d)

Neptuno
30,07 UA
Año planetario:
164,79 a
(60.190,03 d)

**Cinturón
de Kuiper**

Nube de Oort

Dos sistemas en uno

Los científicos piensan en nuestro sistema solar
como si estuviera dividido en dos regiones o
sistemas. Más cerca del Sol, el sistema interior
incluye los cuatro planetas rocosos y el
cinturón de asteroides. El sistema exterior se
encuentra más allá del cinturón de asteroides.
Es el dominio de los gigantes gaseosos.

NICOLÁS COPÉRNICO

Astrónomo, 1473-1543
Polonia

Durante siglos, la mayoría de los
europeos creyó que la Tierra era el
centro del universo. En el siglo XVI
Nicolás Copérnico sugirió que la Tierra
y los demás planetas orbitaban el Sol.
Sus ideas cambiaron la comprensión
del universo.

《 *Saber que sabemos lo que
sabemos y saber que no sabemos lo
que no sabemos, este es el verdadero
conocimiento.* **》**

Eclipse solar

Un eclipse solar ocurre cuando la Luna
pasa entre la Tierra y el Sol. Si todo se
alinea debidamente, la Luna bloquea
la luz del Sol y proyecta una sombra en
un lugar específico de la Tierra. Mirar
directamente al Sol es peligroso, pero
podemos contemplar un eclipse
desde la Tierra utilizando gafas
especiales para los eclipses.

Sol

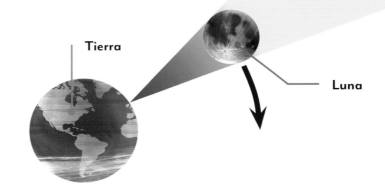

Tierra

Luna

25

EL SOL

El Sol es la estrella que da energía a nuestro sistema solar. Se formó a partir de una nube de polvo y gas hace 4.500 millones de años y ahora es una bola gigante de gas conocida como «enana amarilla». Mide 1.400.000 km de diámetro y está formado sobre todo por hidrógeno y helio, aunque tiene metales más pesados en su núcleo. La temperatura del núcleo ¡puede alcanzar los 15.000.000 °C!

Dispensador de vida

La energía del Sol se crea en su núcleo, donde la fusión nuclear convierte el hidrógeno en helio para liberar grandes cantidades de energía. La luz y el calor producidos se irradian a través del sistema solar. En la Tierra, dependemos de esta radiación para vivir, pero el Sol también tiene efectos en muchos otros lugares. Su calor hace que Venus sea demasiado caliente para la vida, y sus rayos llegan a tocar la superficie de Plutón, en el sistema solar exterior.

Rayos del sol

1. Radiación de luz La mayoría de la luz emitida por el Sol es luz visible, pero también emite rayos ultravioleta e infrarrojos (calor).

2. Viento solar El Sol emite constantemente corrientes de partículas, llamadas «viento solar», desde su superficie. Estas partículas interactúan con los átomos en la atmósfera de un planeta y causan las auroras (corrientes luminosas de luz) en Júpiter y Saturno, así como sobre los polos de la Tierra. En la Tierra se las conoce como auroras boreales, al norte, y auroras australes, al sur.

3. Erupciones solares Las brillantes explosiones de radiación sobre el Sol, conocidas como erupciones solares, liberan enormes cantidades de energía al espacio.

4. Eyecciones de masa coronal El Sol expulsa grandes cantidades de material al espacio en gigantescas llamaradas llamadas «eyecciones de masa coronal». Si alcanzan la Tierra, empujan el campo magnético planetario. Al igual que las erupciones solares, pueden perturbar la tecnología, como los sistemas de comunicación y las redes de energía.

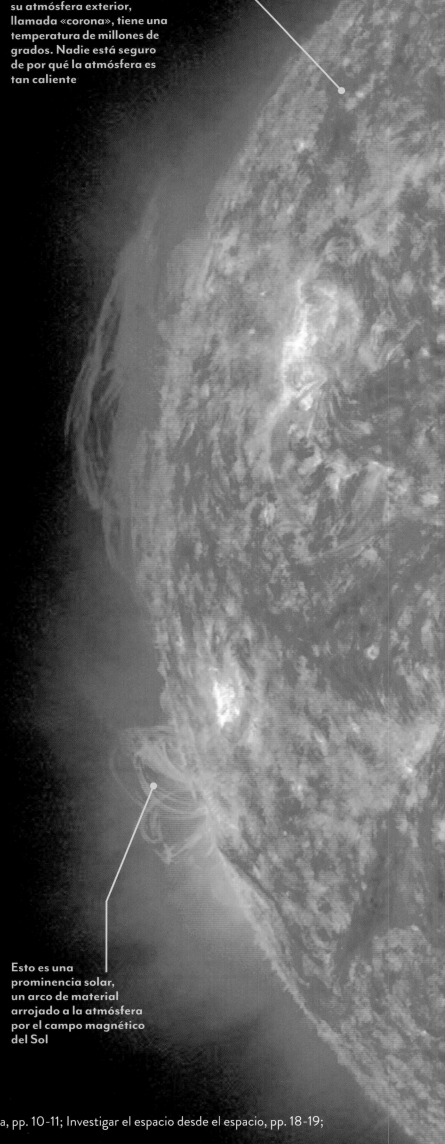

La superficie del Sol está a unos 5.500 °C, pero su atmósfera exterior, llamada «corona», tiene una temperatura de millones de grados. Nadie está seguro de por qué la atmósfera es tan caliente

Esto es una prominencia solar, un arco de material arrojado a la atmósfera por el campo magnético del Sol

ASESOR ESPECIALIZADO: Ian Morison **VER TAMBIÉN:** Galaxias, pp. 8-9; La Vía Láctea, pp. 10-11; Investigar el espacio desde el espacio, pp. 18-19; Nuestro sistema solar, pp. 24-25; Fin del universo, pp. 48-49.

Los estallidos brillantes, conocidos como «erupciones solares», pueden afectar a la vida en la Tierra. Por ejemplo, pueden apagar satélites

Los campos magnéticos hacen que algunas partes de la superficie del Sol parezcan más oscuras

EXPLORACIÓN PLANETARIA

Desde la década de 1960, los científicos han dirigido misiones que han aterrizado en otros mundos. Diversos países han lanzado sondas a Venus, y Rusia ha conseguido que varias de ellas aterrizaran. Sobrevivieron brevemente, pero enviaron imágenes increíbles. EE. UU., Rusia, China, Japón, India y Europa han enviado misiones a la Luna. Incluso hemos mandado róveres a Marte en busca de señales de vida.

Curiosity en Marte

El róver Curiosity de la NASA aterrizó en Marte el 6 de agosto de 2012. Desde entonces ha estado recorriendo la superficie en busca de señales de vida en el pasado de este planeta. El róver descubrió que su lugar de aterrizaje, el cráter Gale, había albergado un lago. También encontró guijarros, pruebas de corrientes marcianas que existieron miles de millones de años atrás.

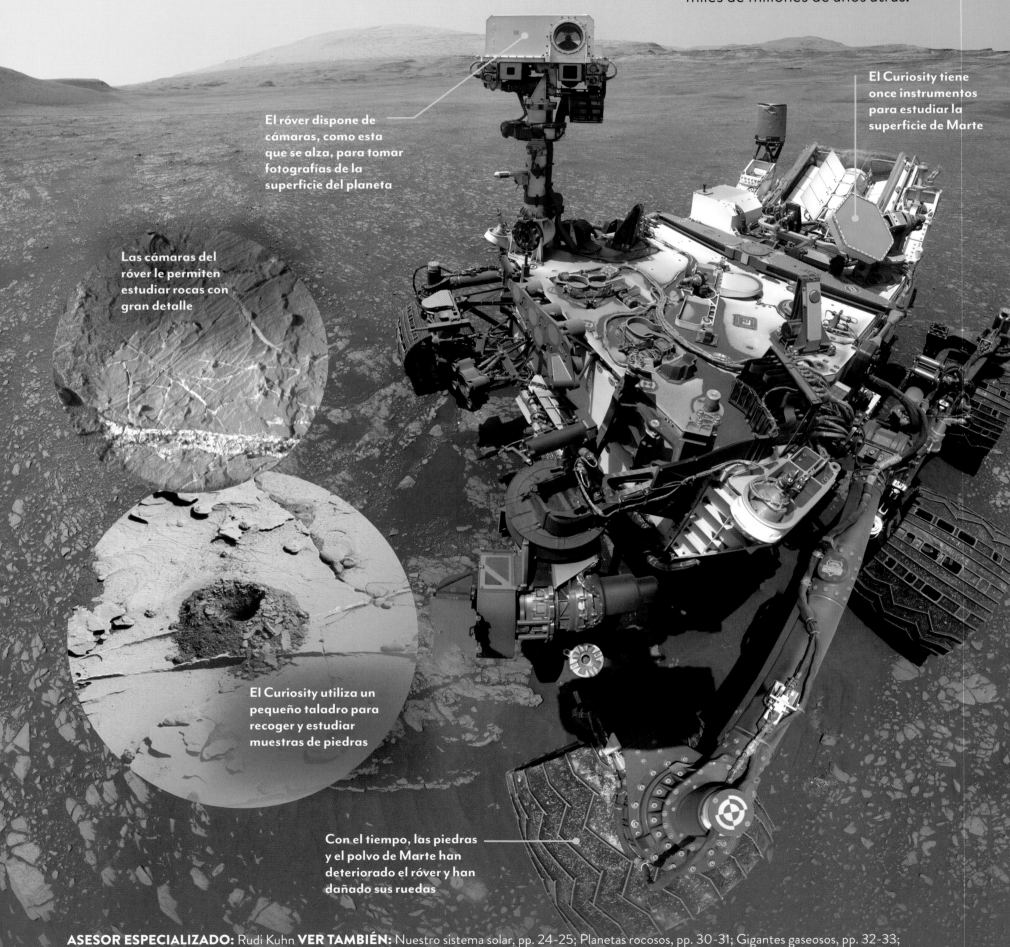

El róver dispone de cámaras, como esta que se alza, para tomar fotografías de la superficie del planeta

El Curiosity tiene once instrumentos para estudiar la superficie de Marte

Las cámaras del róver le permiten estudiar rocas con gran detalle

El Curiosity utiliza un pequeño taladro para recoger y estudiar muestras de piedras

Con el tiempo, las piedras y el polvo de Marte han deteriorado el róver y han dañado sus ruedas

ASESOR ESPECIALIZADO: Rudi Kuhn **VER TAMBIÉN:** Nuestro sistema solar, pp. 24-25; Planetas rocosos, pp. 30-31; Gigantes gaseosos, pp. 32-33; Asteroides, pp. 36-37; Cinturón de Kuiper, pp. 38-39.

Se cree que el módulo Huygens aterrizó sobre el cauce seco de un río

La sonda Huygens funcionó durante algo más de una hora sobre la superficie de Titán

¡CuriosiDATOS!

Titán, una luna de Saturno, tiene lagos y mares. Titán es el único lugar que conocemos, aparte de la Tierra, que tiene cuerpos de líquido en su superficie. Sin embargo, sobre Titán, estas sustancias son más similares a la gasolina que al agua. En 2005, la NASA y la Agencia Espacial Europea (ESA) enviaron un módulo de aterrizaje llamado Huygens a Titán para que fotografiara la superficie de esa luna, sobre la que se había posado en paracaídas.

Aterrizajes en el sistema solar
LA SUPERLISTA

Los seres humanos hemos logrado que aterrizaran sondas en numerosos mundos del sistema solar, entre ellos asteroides, cometas, planetas y lunas. Algunas de las misiones tuvieron una vida muy corta, mientras que otras siguen siendo operativas. Hemos dejado la marca de la humanidad por todo el sistema solar, por ejemplo, en estos destinos.

1. La Luna Seis misiones tripuladas han visitado nuestra Luna.

2. Marte Múltiples módulos de aterrizaje y róveres han aterrizado en Marte, entre ellos el Curiosity. La exploración continúa.

3. Venus La mayoría de los módulos de aterrizaje sobreviven menos de una hora en Venus, por una presión y una temperatura excesivas.

4. Titán La sonda Huygens es la única que ha aterrizado hasta ahora.

5. Asteroides Diversos aparatos han aterrizado en asteroides, y algunos de ellos han devuelto muestras a la Tierra.

6. Cometa En 2014, la Agencia Espacial Europea (ESA) hizo que se posara por primera vez una sonda llamada Philae sobre un cometa.

¡NOTA del experto!

RUDI KUHN
Astrónomo

El doctor Rudi Kuhn trabaja como astrónomo observacional para uno de los telescopios más grandes del mundo, el Gran Telescopio Sudafricano (SALT, *Southern African Large Telescope*). Su investigación actual se centra en la detección de exoplanetas.

« *A menudo soy la primera persona que ve algunas de las cosas más sorprendentes en el espacio, como planetas que orbitan estrellas lejanas, estrellas en explosión o galaxias que colisionan.* **»**

INCÓGNITAS CONOCIDAS

¿Hay volcanes activos en el planeta Venus?

La atmósfera de Venus es muy espesa, de manera que no podemos ver a través de ella. Pero, por medio de imágenes infrarrojas y de radar, los científicos buscan señales de actividad volcánica que creen que pueden producirse en su superficie. Si existieran, eso haría a Venus más similar a la Tierra de lo que creíamos.

Las imágenes infrarrojas y de radar de Venus nos permiten estudiar su superficie

PLANETAS ROCOSOS

Un planeta rocoso está formado sobre todo por roca. En nuestro sistema solar, los cuatro planetas interiores son planetas rocosos: Mercurio, Venus, la Tierra y Marte. Cada uno tiene una superficie sólida y está compuesto por metales y tipos de rocas llamadas silicatos, como el cuarzo. Estos planetas tienen un centro metálico en su mayor parte. Una capa de gases a veces rodea los planetas rocosos. A ella nos referimos al hablar de la atmósfera de esos planetas.

Interiores de roca

Los planetas rocosos se forman cuando fragmentos de polvo y gas se juntan con el tiempo. Esto crea una bola y, si es lo bastante grande y caliente, dicha bola se separa en capas de roca y metal. El centro metálico del planeta se llama núcleo. Luego viene una capa de roca conocida como manto. La capa rocosa externa del planeta se denomina corteza.

Secciones transversales de los planetas (a escala)

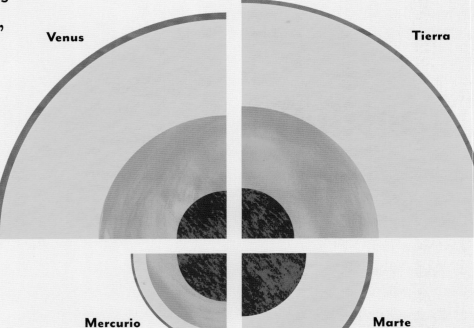

Venus

Tierra

Mercurio

Marte

■ Núcleo de hierro sólido

□ Manto de silicato

▨ Núcleo de hierro líquido

■ Corteza de silicato

¡CuriosiDATOS!

El objeto que formó la Cuenca Caloris impactó con tanta fuerza en Mercurio que al otro lado del planeta surgieron montañas. Este impacto tuvo lugar hace nada menos que 4.000 millones de años. Dejó un cráter que mide más de 1.500 km de diámetro.

Cuenca Caloris

La sofocante atmósfera de Venus

Venus tiene la atmósfera más espesa de los planetas rocosos. Sus gases atrapan mucho calor y convierten a Venus en el planeta más caliente de nuestro sistema solar. Además, la atmósfera de Venus es venenosa, pues contiene peligroso ácido sulfúrico.

La mayor parte de la luz del Sol se refleja por las espesas nubes de ácido sulfúrico

La luz solar que penetra queda atrapada por las nubes y permanece sobre la superficie del planeta

Las nubes también atrapan gases, como el dióxido de carbono, por lo que el planeta es incluso más caliente

ASESORA ESPECIALIZADA: Tracy M. Becker **VER TAMBIÉN:** Nuestro sistema solar, pp. 24-25; El Sol, pp. 26-27; Planetas rocosos, pp. 30-31; Asteroides, pp. 36-37; Cohetes, pp. 40-41.

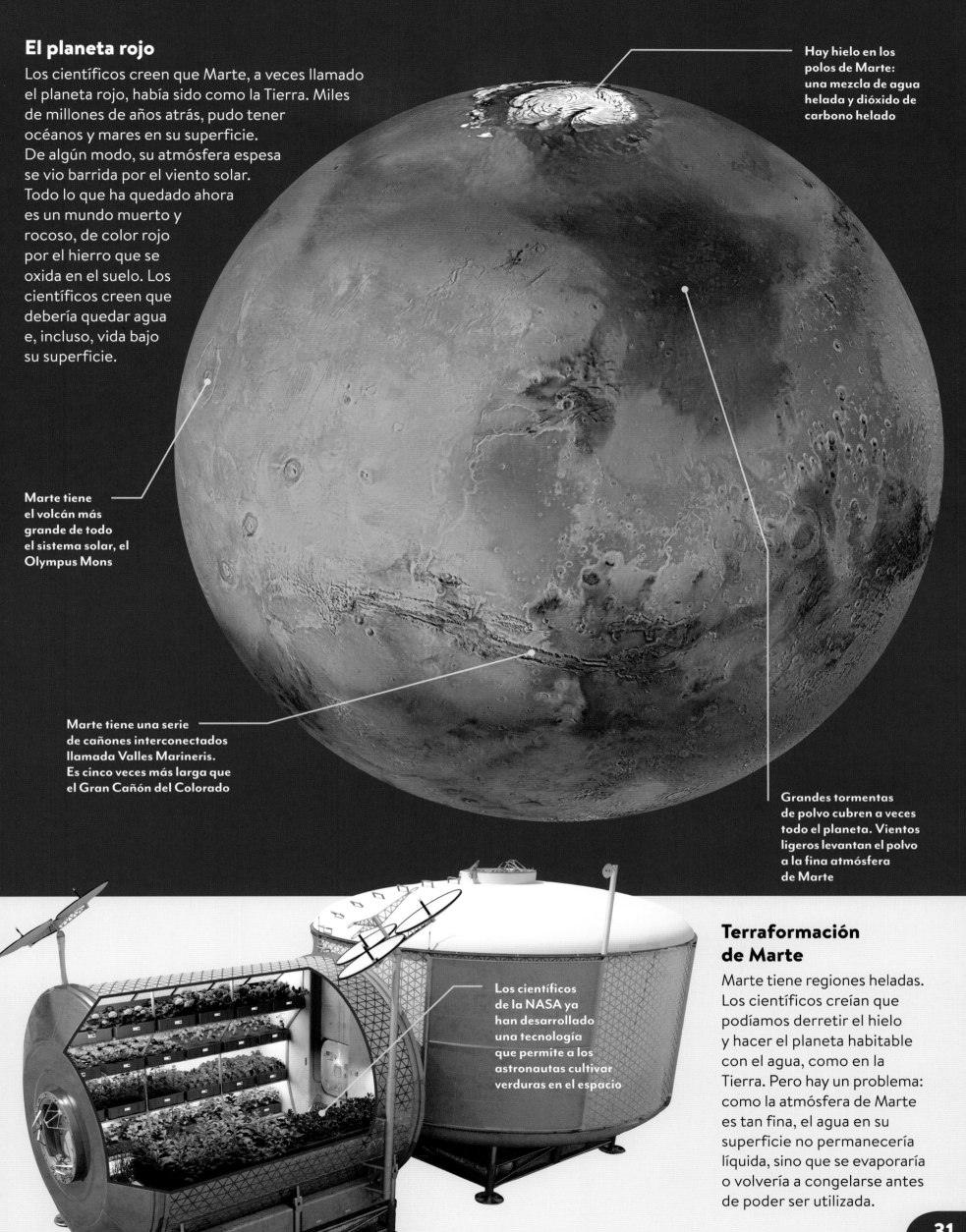

El planeta rojo

Los científicos creen que Marte, a veces llamado el planeta rojo, había sido como la Tierra. Miles de millones de años atrás, pudo tener océanos y mares en su superficie. De algún modo, su atmósfera espesa se vio barrida por el viento solar. Todo lo que ha quedado ahora es un mundo muerto y rocoso, de color rojo por el hierro que se oxida en el suelo. Los científicos creen que debería quedar agua e, incluso, vida bajo su superficie.

Hay hielo en los polos de Marte: una mezcla de agua helada y dióxido de carbono helado

Marte tiene el volcán más grande de todo el sistema solar, el Olympus Mons

Marte tiene una serie de cañones interconectados llamada Valles Marineris. Es cinco veces más larga que el Gran Cañón del Colorado

Grandes tormentas de polvo cubren a veces todo el planeta. Vientos ligeros levantan el polvo a la fina atmósfera de Marte

Los científicos de la NASA ya han desarrollado una tecnología que permite a los astronautas cultivar verduras en el espacio

Terraformación de Marte

Marte tiene regiones heladas. Los científicos creían que podíamos derretir el hielo y hacer el planeta habitable con el agua, como en la Tierra. Pero hay un problema: como la atmósfera de Marte es tan fina, el agua en su superficie no permanecería líquida, sino que se evaporaría o volvería a congelarse antes de poder ser utilizada.

GIGANTES GASEOSOS

Un gigante gaseoso es un planeta formado casi enteramente por helio e hidrógeno. La temperatura y la presión dentro del planeta convierten el gas en líquido. En nuestro sistema solar, los gigantes gaseosos son Júpiter, Saturno, Urano y Neptuno. Los gigantes gaseosos tienden a tener espesas bandas de nubes en sus atmósferas superiores. A diferencia de los planetas rocosos, no tienen superficie, pero sus sistemas meteorológicos pueden ser enormes, como huracanes gigantes o extensas tormentas eléctricas.

Nacimiento de un gigante gaseoso

Los gigantes gaseosos se forman cuando nubes de polvo y gas se juntan y forman un objeto mayor. El tamaño inmenso de un gigante gaseoso produce presiones enormes dentro del planeta. Esto genera líquidos como el hidrógeno metálico que rodea lo que se cree que es un centro, o núcleo, rocoso.

Secciones transversales de los planetas (a escala)

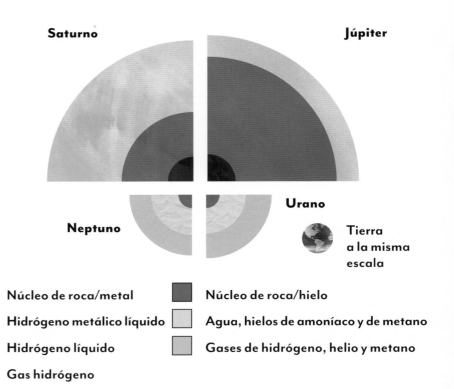

Saturno

Júpiter

Urano

Neptuno

Tierra a la misma escala

- ■ Núcleo de roca/metal
- ■ Hidrógeno metálico líquido
- ■ Hidrógeno líquido
- □ Gas hidrógeno
- ■ Núcleo de roca/hielo
- ■ Agua, hielos de amoníaco y de metano
- ■ Gases de hidrógeno, helio y metano

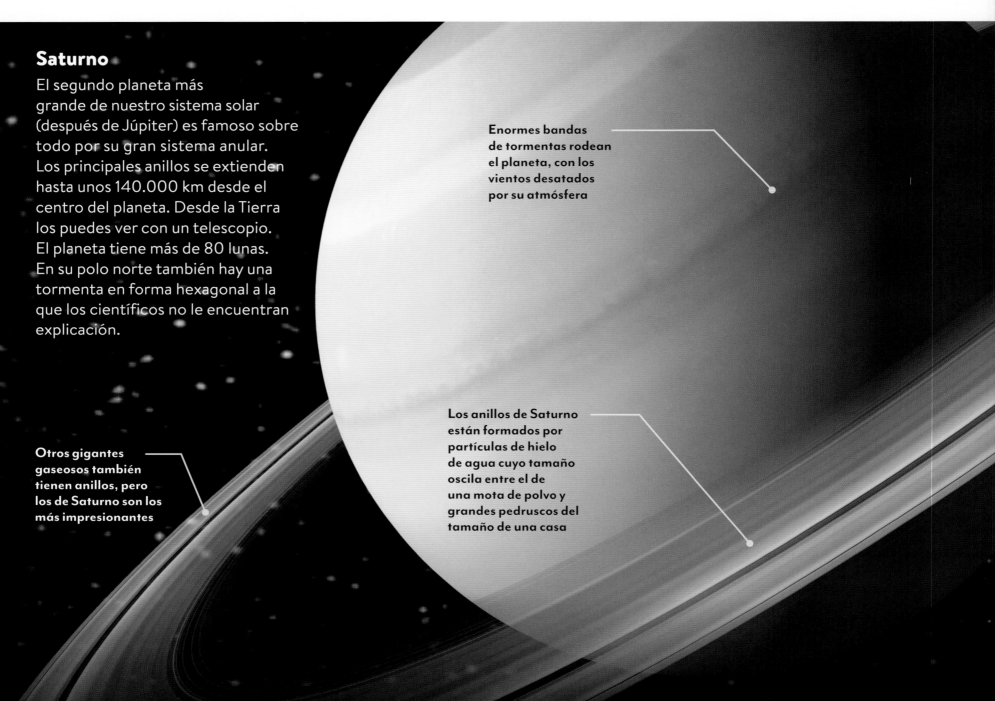

Saturno

El segundo planeta más grande de nuestro sistema solar (después de Júpiter) es famoso sobre todo por su gran sistema anular. Los principales anillos se extienden hasta unos 140.000 km desde el centro del planeta. Desde la Tierra los puedes ver con un telescopio. El planeta tiene más de 80 lunas. En su polo norte también hay una tormenta en forma hexagonal a la que los científicos no le encuentran explicación.

Enormes bandas de tormentas rodean el planeta, con los vientos desatados por su atmósfera

Los anillos de Saturno están formados por partículas de hielo de agua cuyo tamaño oscila entre el de una mota de polvo y grandes pedruscos del tamaño de una casa

Otros gigantes gaseosos también tienen anillos, pero los de Saturno son los más impresionantes

ASESORES ESPECIALIZADOS: Tracy M. Becker y Erik Gregersen **VER TAMBIÉN:** La Vía Láctea, pp. 10-11; Estrellas, pp. 12-13; Exoplanetas, pp. 22-23; Nuestro sistema solar, pp. 24-25; El Sol, pp. 26-27; Exploración planetaria, pp. 28-29; Planetas rocosos, pp. 30-31; Lunas, pp. 34-35

La Gran Mancha Roja de Júpiter

Júpiter (abajo) es el anfitrión de la mayor tormenta del sistema solar. Un enorme ciclón llamado la Gran Mancha Roja (a la derecha en mayor detalle) lo ha estado azotando desde hace más de 400 años. En algún momento fue mayor que la Tierra. En años recientes la tormenta se ha ido reduciendo, pero tardará bastante tiempo en desaparecer.

Gigantes coloridos

Neptuno llama la atención en particular por su color azul, motivado por un gas llamado metano presente en su atmósfera. Solamente hemos visto Neptuno de cerca en una ocasión, con la nave espacial Voyager 2 en 1989. Es posible localizar enormes tormentas y vientos en su atmósfera azul mediante potentes telescopios desde la Tierra.

¡CuriosiDATOS!

Urano es el único planeta del sistema solar que rota sobre su lado. Mientras la mayoría de los otros planetas giran en la dirección de su órbita, Urano gira a 90 grados de su órbita. Esto puede deberse a una gran colisión en su vida temprana.

Eje de rotación

¡NOTA del experto!

TRACY M. BECKER
Científica investigadora planetaria

En su trabajo como científica planetaria, a Tracy M. Becker le gusta seguir preguntándose sobre planetas, lunas y asteroides. Uno de sus primeros proyectos científicos fue estudiar las partículas de hielo que forman los anillos de Saturno, y ahora quiere descubrir cómo se formaron.

« *El estudio en profundidad de los anillos de Saturno ha dado respuesta a muchas preguntas de la ciencia, pero también ha planteado docenas de preguntas más.* **»**

TIERRA
(1 luna)

Luna

El diámetro
de la Luna es de
3.474 km

MARTE
(2 lunas)

Fobos

Deimos

JÚPITER
(79 lunas conocidas)

Ío

Europa

Ganímedes

Calisto

SATURNO
(82 lunas
conocidas)

Mimas

Encélado

Tetis

Dione

Rea

Titán

Hiperión

Jápeto

Febe

URANO
(27 lunas
conocidas)

Puck

Miranda

Ariel

Umbriel

Titania

Oberón

NEPTUNO
(14 lunas
conocidas)

Proteo

Tritón

Nereida

¡CuriosiDATOS!

La Luna se separa de la Tierra unos 3,8 cm cada año. ¡Es más o menos la velocidad a la que te crecen las uñas de los dedos!

El planeta Tierra
mostrado a la misma
escala que las lunas

Las principales lunas de los planetas

En nuestro sistema solar hay por lo menos 214 lunas orbitando cada planeta, excepto Mercurio y Venus. Los científicos han descubierto recientemente que Saturno tiene 20 lunas más de las que se creía en principio, lo que hace un total de 82, más que cualquier otro planeta.

LUNAS

Las lunas de nuestro sistema solar tienen diferentes formas y tamaños. Muchas de ellas esféricas, como la Luna de la Tierra. Otras, como Pan, Dafne y Atlas, que orbitan Saturno, tienen forma como de ravioli. También hay algunas lunas realmente pequeñas, como Deimos, de Marte, que solo mide 15 km de un lado a otro. Ganímedes, de Júpiter, es mayor que el planeta Mercurio.

Exploración de la Luna de la Tierra

La Luna es el único lugar del espacio en el que han aterrizado astronautas. Entre 1969 y 1972, EE. UU. envió seis misiones a la Luna. Sin embargo, numerosas sondas espaciales sin tripulación la visitan. Entre ellas, la china Chang'e-4, enviada a la cara oculta de la Luna en 2019.

ASESORA ESPECIALIZADA: Tracy M. Becker **VER TAMBIÉN:** Nuestro sistema solar, pp. 24-25; El Sol, pp. 26-27; Planetas rocosos, pp. 30-31; Asteroides, pp. 36-37; Cohetes, pp. 40-41.

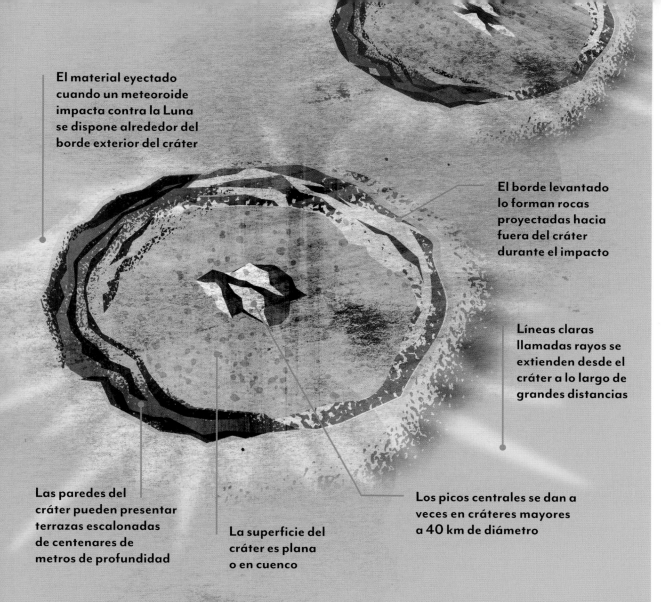

El material eyectado cuando un meteoroide impacta contra la Luna se dispone alrededor del borde exterior del cráter

El borde levantado lo forman rocas proyectadas hacia fuera del cráter durante el impacto

Líneas claras llamadas rayos se extienden desde el cráter a lo largo de grandes distancias

Las paredes del cráter pueden presentar terrazas escalonadas de centenares de metros de profundidad

La superficie del cráter es plana o en cuenco

Los picos centrales se dan a veces en cráteres mayores a 40 km de diámetro

Anatomía de un cráter

Nuestra Luna está cubierta de cráteres o hendiduras circulares ocasionadas cuando rocas espaciales como asteroides o meteoroides impactaron contra su superficie. El cráter mayor es la cuenca Aitken del polo sur, de 2.575 km de diámetro. Los científicos creen que trozos del asteroide que formó este cráter pueden permanecer bajo la superficie.

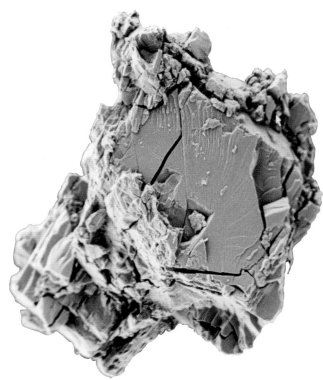

Una mota de polvo lunar

El polvo lunar, llamado regolito, que aquí vemos a través de un microscopio electrónico, es el resultado del impacto de meteoroides del espacio sobre las rocas lunares a lo largo de miles de millones de años. Los astronautas que han ido a la Luna dicen que huele como la pólvora.

Estructura de nuestra Luna

Nuestra Luna tiene diferentes capas, lo mismo que la Tierra. Su núcleo es metálico, formado por hierro y níquel. Está rodeado por un núcleo externo líquido y luego un manto sólido. La corteza o superficie tiene un grosor de unos 35 km de media. Tiene montañas, cráteres y áreas llanas llamadas mares, como el mar de la Tranquilidad.

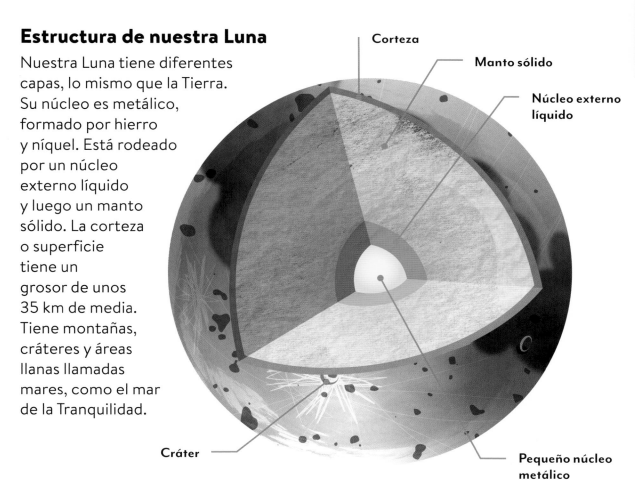

Corteza

Manto sólido

Núcleo externo líquido

Cráter

Pequeño núcleo metálico

INCÓGNITAS CONOCIDAS

¿Podrían los humanos vivir en la Luna?

Los científicos de EE. UU. y Europa trabajan para establecer bases en la Luna. Creen que podría extraerse agua del hielo de debajo de la superficie de la Luna. Sin embargo, la vida resultaría dura, con temperaturas que irían de -133 °C a 121 °C. Imagínate un día lunar, que dura 14 días terrestres, seguido por una noche igual de larga.

ASTEROIDES

Los asteroides son trozos de roca. Datan del principio del sistema solar, hace unos 4.600 millones de años, y consisten en fragmentos de roca que no consiguieron formar planetas. Hoy en el sistema solar hay millones de asteroides. Sus tamaños van desde unos cuantos metros a miles de kilómetros de un extremo a otro. La mayoría se encuentran en el cinturón de asteroides, una vasta región que se extiende entre Marte y Júpiter. Los asteroides que llegan a acercarse a la órbita de la Tierra reciben el nombre de NEO (*near-Earth objects*, objetos próximos a la Tierra).

Remanente rocoso

A veces los asteroides entran en la atmósfera de la Tierra e impactan contra la superficie. Dejan un cráter o pedazos de roca llamados meteoritos. Los científicos estudian las rocas para calcular de dónde procedía el asteroide.

Extinción masiva

Los científicos creen que han sido varias las ocasiones a lo largo de la historia en las que algún gran asteroide ha chocado con nuestro planeta. El impacto más notable motivó la extinción de los dinosaurios (aparte de las aves) hace 66 millones de años. La colisión de este asteroide formó el cráter de Chicxulub, en México. Se piensa que acabó con el 75 % de la vida en la Tierra.

ASESORA ESPECIALIZADA: Tracy M. Becker **VER TAMBIÉN:** Exoplanetas, pp. 22-23; Nuestro sistema solar, pp. 24-25; Exploración planetaria, pp. 28-29;

¿Meteoro, meteoroide o meteorito?

Son tres palabras que pueden parecer similares, pero en realidad se refieren a objetos diferentes. A continuación explicamos lo que significan y cómo distinguirlos.

Un asteroide es un cuerpo rocoso pequeño que se encuentra en el espacio y que no es lo bastante grande para formar un planeta

Un meteoroide es un trozo de roca de menos de 1 metro de extensión

Un meteoro es cualquier meteoroide que se quema en la atmósfera de la Tierra y produce una estela de luz (una estrella fugaz)

Un meteorito es cualquier parte de un meteoroide que llega intacta a la superficie

¡CuriosiDATOS!

Unos 500 meteoritos impactan con la Tierra cada año. La mayoría caen en áreas inhabitadas, como, por ejemplo, en pleno océano. A veces los meteoritos pueden caer cerca de nosotros, pero nadie ha fallecido aún por esa causa.

INCÓGNITAS CONOCIDAS

¿Viajó la vida en los asteroides y cometas?

Algunos científicos creen que la vida llegó a la Tierra a bordo de un asteroide o cometa. Según sugieren, tipos de vida microscópica, como las bacterias, podrían sobrevivir a un viaje a través del espacio en una roca. Al alcanzar la Tierra, esta vida habría prosperado en nuestro entorno habitable.

Ingredientes para la vida, como los aminoácidos, podrían haber viajado a través del espacio

Esto podría haber llevado a la evolución de la vida basada en ADN, como la de los seres humanos, en la Tierra

Misiones a los asteroides

Los científicos han enviado diversas misiones para estudiar los asteroides. En 2019, la nave espacial japonesa Hayabusa 2 recogió algunas rocas del asteroide Ryugu para traerlas a la Tierra. La misión OSIRIS-REx de la NASA recoge rocas de un asteroide denominado Bennu.

CINTURÓN DE KUIPER

Más allá de la órbita de Neptuno, en nuestro sistema solar, se halla el cinturón de Kuiper. Como el cinturón de asteroides, esta región está llena de rocas esparcidas en los inicios del sistema solar. Los objetos del cinturón de Kuiper (KBO, *Kuiper Belt Objects*) se encuentran tan lejos del Sol que suelen estar helados. Si son empujados al sistema solar interior, se subliman (el hielo se convierte en gas) y se los conoce como cometas.

Plutón

Neptuno

Los científicos creen que hay millones de objetos en el cinturón de Kuiper, algunos de ellos de más de 100 km de longitud.

Plutón tiene un vasto lago de nitrógeno helado en su superficie, llamado Sputnik Planitia. La capa superficial se vaporiza de día y vuelve a congelarse de noche

El gran dibujo en forma de corazón de Plutón se denomina Tombaugh Regio

Plutón tiene cinco lunas. La mayor es Caronte. Tiene 1.200 km de diámetro, más o menos la mitad que el de Plutón

Algunas partes de Plutón parecen rojas por las tolinas, materiales que se forman en la atmósfera y caen sobre la superficie del planeta

Plutón, planeta enano

Plutón orbita en el cinturón de Kuiper y es más pequeño que nuestra Luna. Antiguamente se lo había considerado un planeta, pero perdió esa consideración en 2006. Dentro de más de 200 años, la órbita de Plutón lo llevará temporalmente dentro de la órbita de Neptuno. Plutón tiene una atmósfera notable y montañas en su superficie.

ASESORA ESPECIALIZADA: Tracy M. Becker **VER TAMBIÉN:**

¿Qué es un cometa?

Los cometas se diferencian de los asteroides en que contienen grandes cantidades de hielo. Este hielo rodea un núcleo rocoso. Los cometas nacieron en el sistema solar exterior, pero a veces se ven empujados hacia dentro, al Sol. Cuando esto ocurre, el hielo sólido se vuelve gas y produce una fantástica cola.

La cola de un cometa está hecha de gas y polvo. Ya que el Sol repele el gas, la cola estará enfrente del cometa cuando este se aleje del Sol

La coma o cabellera es una nube de gas y polvo que rodea el cometa

El núcleo es el centro del cometa y está compuesto sobre todo de hielo y polvo

La coma y el núcleo forman la cabeza del cometa

A un pequeño planeta que comparte su órbita con otros objetos se lo llama «planeta enano». La mayoría de los planetas enanos conocidos orbitan en el cinturón de Kuiper.

1. Ceres El objeto más grande del cinturón de asteroides, Ceres, tiene un diámetro de 945 km. La nave Dawn de la NASA lo visitó en 2015.

2. Plutón En 2006 los astrónomos decidieron que Plutón compartía su órbita con demasiados objetos diferentes como para ser considerado un auténtico planeta.

3. Eris Este planeta se encuentra dentro del cinturón de Kuiper en un disco disperso de objetos.

4. Haumea Situado en el cinturón de Kuiper, Haumea mide 1.240 km de diámetro. Tiene tanto anillos como lunas.

5. Makemake Situado también en el cinturón de Kuiper, Makemake es algo mayor que Haumea, con 1.430 km de diámetro.

Vuelo distante

En julio de 2015, la aeronave New Horizons fue la primera en volar más allá de Plutón. Pero la misión no concluyó ahí, sino que siguió el viaje para estudiar otro objeto del cinturón de Kuiper llamado Arrokoth. Este extraño objeto, con dos partes unidas, tiene la apariencia de un muñeco de nieve.

Nube de Oort

Más allá del cinturón de Kuiper se encuentra la nube de Oort. Empieza 70 veces más lejos del Sol que Neptuno y se extiende durante un cuarto del camino hacia la estrella más próxima. Se cree que la nube de Oort contiene más de un billón de objetos de hielo que rodean nuestro sistema solar.

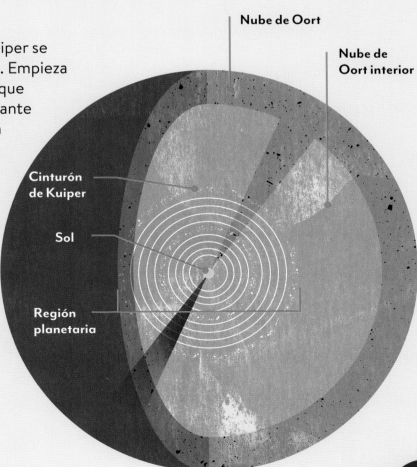

Nube de Oort

Nube de Oort interior

Cinturón de Kuiper

Sol

Región planetaria

COHETES

Para viajar al espacio se necesita utilizar un cohete que supere la atracción de la gravedad terrestre. Las agencias espaciales usan cohetes para lanzar satélites y sondas y para enviar naves con astronautas a la Estación Espacial Internacional. Todos los cohetes tienen diversas partes, o etapas, encajadas unas sobre otras. A medida que cada parte va usando todo su combustible, se desprende y vuelve a caer a la Tierra. Finalmente, la nave espacial alcanza la órbita.

¡CuriosiDATOS!

Los chinos hicieron los primeros cohetes utilizando tubos de bambú. Los tubos se llenaban de pólvora y se ataban a flechas lanzadas por arcos. Durante la batalla de Kai-Keng, en 1232, los chinos usaron «flechas de fuego volador» para rechazar a los mongoles.

Cómo funcionan los cohetes

Los cohetes convierten el combustible en gas al mezclarlo con oxígeno y encenderlo. Los primeros cohetes usaban combustible sólido, mientras que los modernos usan combustible líquido como el hidrógeno líquido. Los motores empujan este gas por la base del cohete para impulsarlo. Como la gravedad de la Tierra es tan fuerte, los cohetes tienen que ser muy grandes para almacenar suficiente combustible.

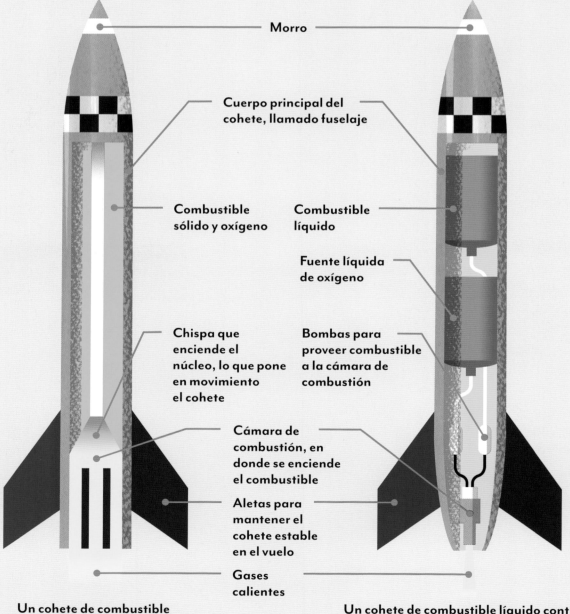

Morro

Cuerpo principal del cohete, llamado fuselaje

Combustible sólido y oxígeno

Combustible líquido

Fuente líquida de oxígeno

Chispa que enciende el núcleo, lo que pone en movimiento el cohete

Bombas para proveer combustible a la cámara de combustión

Cámara de combustión, en donde se enciende el combustible

Aletas para mantener el cohete estable en el vuelo

Gases calientes

Un cohete de combustible sólido quema combustible sin cesar durante toda la misión

Un cohete de combustible líquido controla la cantidad de combustible que entra en la cámara de combustión

Los primeros cohetes
CRONOLOGÍA

Alrededor de 1200 Los chinos fabrican los primeros cohetes de combustible sólido.

1903 El ruso Konstantin Tsiolkovski calcula la cantidad de combustible que necesitarían cohetes de diferentes tamaños para llegar al espacio.

1926 El científico americano Robert Coddard lanza el primer cohete de combustible líquido. Alcanza la altura de 12 metros y medio.

1942 En Alemania los nazis desarrollan el V2, el primer cohete que podría alcanzar el espacio. Primero lo utilizan como arma contra Londres en la Segunda Guerra Mundial.

1957 La Unión Soviética lanza el primer satélite artificial en órbita, el Sputnik I.

1961 El soviético Yuri Gagarin se convierte en el primer ser humano en viajar al espacio y orbitar la Tierra.

1969 En EE. UU., la misión Apolo 11 con dirección a la Luna despega en un cohete Saturno V. Los astronautas Neil Armstrong y Buzz Aldrin se convierten en las primeras personas en pisar la Luna.

ASESOR ESPECIALIZADO: Michael G. Smith **VER TAMBIÉN:** Exploración planetaria, pp. 28-29; Lunas, pp. 34-35.

Megacohetes

El cohete más potente que jamás se ha utilizado ha sido el Saturno V. Con la altura de un edificio de 36 pisos y con el peso de 400 elefantes, este tipo de cohete se utilizó para llevar a personas a la Luna desde 1969 hasta 1972. Ahora se siguen construyendo «megacohetes», como el Starship de SpaceX o el SLS (de «sistema de lanzamiento espacial», en inglés) de la NASA. Estos cohetes podrían finalmente llevar a personas a Marte, tal vez en la década de 2020 o 2030.

Cohetes reutilizables

La mayoría de los cohetes se queman después de usarlos, y los restos caen a los océanos de la Tierra. Pero algunos cohetes pueden volver a utilizarse, como si de aviones se tratara. La compañía SpaceX ha construido cohetes como este (arriba) que utilizan parte de su combustible para volver a aterrizar. Esto implica que pueden volver a utilizarse, de modo que la exploración espacial se hace menos cara y más sostenible.

La tripulación se sitúa en lo alto del cohete

Los paneles negros informan al personal de tierra sobre la rotación del cohete

La etapa inferior del cohete es la primera en desprenderse

INCÓGNITAS CONOCIDAS

¿Cómo podríamos lanzar cohetes desde otros planetas?
Hace ya décadas que lanzamos cohetes desde la Tierra y la Luna, pero nunca desde otro planeta. Los científicos quieren saber cómo hacerlo, porque así podrían utilizarlos para traer muestras de roca y suelo a la Tierra para su estudio. En una fase posterior también querrán utilizar los cohetes para que los exploradores espaciales vuelvan.

SATÉLITES ARTIFICIALES

Los satélites son cualquier objeto que orbite algo en el espacio. Existen los satélites naturales, como nuestra Luna, y los satélites artificiales, construidos por las personas y lanzados a la órbita alrededor de los planetas para trabajos específicos. Miles de satélites artificiales orbitan la Tierra. Algunos de ellos tienen el tamaño de un camión, y otros son más pequeños que una tostadora.

En la órbita de la Tierra

Los satélites se lanzan por medio de cohetes. Pero, si se lanzaran hacia arriba en línea recta, volverían a caer de nuevo, por la atracción de la gravedad de la Tierra. Para enviar los satélites a una órbita (un trayecto alrededor de un planeta) se los lanza hacia arriba y a la vez hacia un lado. Eso les da una velocidad de más de 27.000 km/h, de modo que «caen» constantemente hacia nuestro planeta, pero nunca lo alcanzan, por lo que se genera una órbita.

SORCE

El satélite SORCE (*Solar Radiation and Climate Experiment*, «experimento de radiación solar y clima») mide la energía procedente del Sol para ayudar a los científicos a entender cómo afectará a largo plazo al cambio climático en la Tierra.

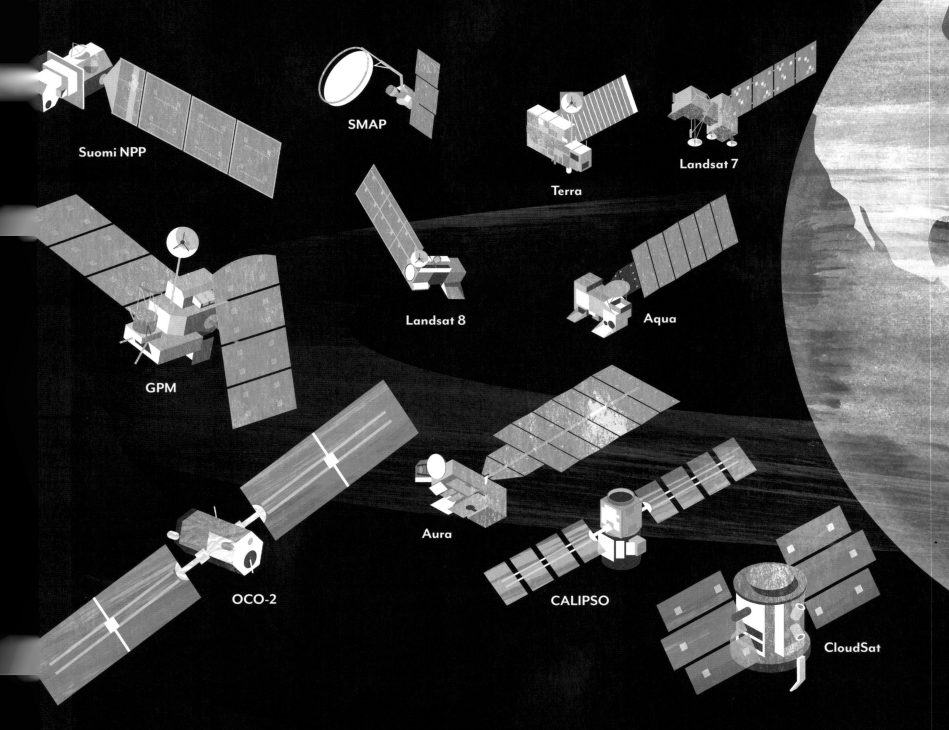

Suomi NPP

SMAP

Terra

Landsat 7

Landsat 8

Aqua

GPM

OCO-2

Aura

CALIPSO

CloudSat

ASESOR ESPECIALIZADO: Clifford Cunningham **VER TAMBIÉN:** Investigar el espacio desde el espacio, pp. 18-19; Nuestro sistema solar, pp. 24-25;

Los trabajos que hacen los satélites
LA SUPERLISTA

1. Observar el universo Los satélites científicos, como el telescopio espacial Hubble, observan otros planetas y el universo distante. Mandan increíbles fotografías a la Tierra.

2. Enviar comunicaciones Algunos satélites tienen grandes espejos para hacer rebotar las señales de un lugar a otro de la Tierra. Esto nos permite llamar por teléfono, utilizar internet y recibir los programas de televisión en nuestras casas.

3. Espiar a otros países Los satélites militares controlan las actividades en otros países, como los movimientos de tropas.

4. Monitorizar el tiempo y el clima Los satélites nos pueden informar sobre cuándo y dónde va a llover y en qué medida se está calentando el planeta debido al cambio climático.

5. Ayuda a la navegación Los satélites GPS (*Global Positioning System*, «sistema de posicionamiento global») pueden ayudarnos a localizar cualquier lugar del mundo. Al hacer rebotar una señal de múltiples satélites, pueden averiguar con exactitud dónde nos encontramos.

¡CuriosiDATOS!

¡En el océano Pacífico hay un cementerio de naves espaciales!
Al finalizar su misión, se procura que muchos satélites y cohetes caigan en el océano Pacífico, en un lugar llamado Point Nemo. Se encuentra al este de Nueva Zelanda, y es el punto más alejado de las costas de toda la Tierra. Centenares de astronaves han acabado aquí.

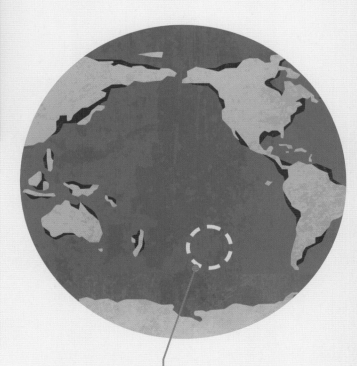

Point Nemo está a más de 2.500 km de la costa más próxima

CubeSats

Los cohetes pueden transportar satélites en miniatura llamados CubeSats (izquierda) junto con satélites mayores. Los científicos utilizan estos satélites pequeños y baratos para llevar a cabo experimentos y hacer mediciones. Diversos CubeSats pueden montarse juntos para desempeñar distintas tareas. Como son pequeños, los CubeSats se desintegran cuando la atmósfera terrestre vuelve a atraerlos.

Basura espacial

Unos 3.000 satélites que ya no funcionan orbitan la Tierra, junto con millones de fragmentos de maquinaria. Si esta basura espacial chocara con satélites activos, podría destruirlos. Los científicos intentan sacar a los satélites inactivos de órbita. En 2025, la Agencia Espacial Europea (ESA) proyecta lanzar el ClearSpace-1, la primera misión para hacer que una pieza de basura espacial salga de su órbita.

ClearSpace-1 capturará una pieza grande de un cohete que ha estado orbitando a unos 800 km de la Tierra

La nave espacial utilizará un brazo robótico para capturar la basura espacial

¡NOTA del experto!

CLIFFORD CUNNINGHAM
Científico planetario

El doctor Clifford Cunningham está interesado en la historia de la astronomía, especialmente en los descubrimientos de los antiguos griegos y romanos. Cree que, si avanzas en el conocimiento de la civilización, lo que haces vale la pena.

« *Los satélites llevan con ellos al espacio la inteligencia de la humanidad.* »

La Estación Espacial Internacional

Si miras al cielo nocturno, a veces podrás ver la Estación Espacial Internacional (EEI) a 400 km sobre la Tierra. En ella conviven hasta seis astronautas que llevan a cabo experimentos e investigaciones. Tiene muchos compartimentos, entre ellos el de la cocina, los laboratorios y un váter. También dispone de una estancia con siete ventanas desde las que los astronautas pueden mirar hacia la Tierra.

Las paredes tienen varias capas para proteger de pequeños meteoros y basura espacial

Los paneles solares producen energía recogiendo calor del Sol. En un solo día la EEI asiste a 16 amaneceres y 16 ocasos, pues orbita la Tierra cada 90 minutos

Este módulo central, llamado Zarya, fue la primera parte de la EEI que se lanzó, en 1998

El módulo japonés Kibo es el más grande de los módulos de la estación

ASTRONAVE CON TRIPULACIÓN

El ser humano ha estado viajando al espacio desde 1961, en cohetes y en transbordadores espaciales. En un futuro próximo, nuevas aeronaves pueden llevar a las personas más allá de la órbita de la Tierra. En EE. UU., una compañía de cohetes llamada SpaceX ya está trabajando en una nave llamada Starship, diseñada para realizar viajes de hasta cien personas a Marte.

Comer en el espacio

En el espacio, donde la atracción de la gravedad puede ser menor, todo flota alrededor, y también lo hace la comida. Por este motivo, los astronautas utilizan bolsas en lugar de platos. Pero la comida en el espacio no es muy diferente de la consumida en la Tierra. Los astronautas comen pizza, tacos..., y la EEI recibe naves de carga con fruta fresca.

ASESOR ESPECIALIZADO: Pablo de León **VER TAMBIÉN:** Exoplanetas, pp. 22-23; Nuestro sistema solar, pp. 24-25; Exploración planetaria, pp. 28-29; Lunas, pp. 34-35; Cohetes, pp. 40-41.

INCÓGNITAS CONOCIDAS

¿Cuáles son los efectos a largo plazo de permanecer en el espacio durante meses o años?

Incluso después de un corto período en el espacio los astronautas crecen una media de 5 cm a causa de la menor gravedad. Pero aún no sabemos cómo se comportará el cuerpo con viajes espaciales prolongados. Algunos astronautas de la EEI han permanecido en ella durante un año. Estudiar los efectos a largo plazo en su salud ayudará a los científicos a preparar a los astronautas para misiones de varios años a Marte.

Espacio de trabajo

A veces los astronautas tienen que salir de la estación para arreglar desperfectos. En 2019, las astronautas estadounidenses Christina Koch y Jessica Meir completaron el primer paseo espacial de un equipo femenino. Sustituyeron una pieza conectada a los paneles solares que sirve para alimentar las baterías de la EEI.

Hotel para robots

En diciembre de 2019, la NASA envió nuevas instalaciones a la EEI para robots en lugar de humanos. Los astronautas conectaron la RiTS, una estación de almacenamiento para herramientas robóticas, al exterior de la EEI en un paseo espacial (una misión en el exterior de la nave). Sensores e instrumentos conectados a esa unidad permiten a las ayudas robóticas practicar mediciones vitales en el frío vacío del espacio. Una de sus misiones consiste en detectar gases.

Los astronautas tienen que orinar en una manguera como esta

¡CuriosiDATOS!

¡Un váter de la EEI cuesta 19 millones de dólares!

¿Por qué es tan caro? Pues porque es como un aspirador muy especializado. Precisa de un complejo sistema de tubos y aspiradores para succionar los residuos y secarlos. El agua extraída se recicla, y los residuos se almacenan. Al final se sueltan hacia la atmósfera terrestre, en donde arden como si de estrellas fugaces se tratara.

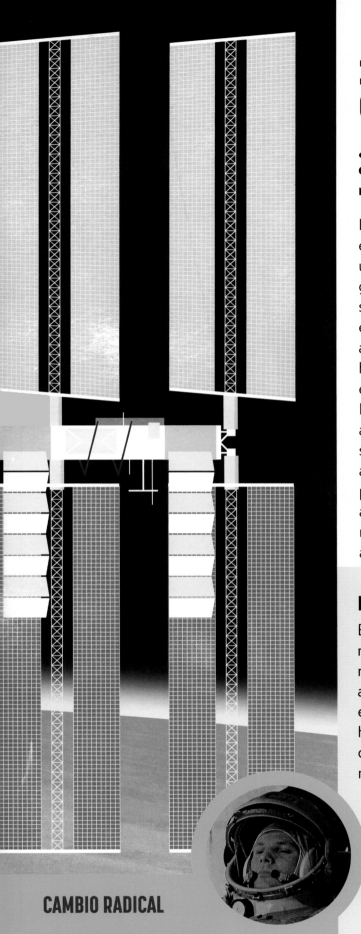

CAMBIO RADICAL

YURI GAGARIN

Cosmonauta, 1934-1968
Unión Soviética

El 12 de abril de 1961, el cosmonauta ruso Yuri Gagarin se convirtió en la primera persona que viajaba al espacio. Completó una órbita a la Tierra a bordo de la astronave Vostok 1 y volvió sano y salvo a la superficie. En completar la órbita tardó una hora y 29 minutos. Esta misión le dio fama mundial y ocasionó una carrera entre la Unión Soviética y EE. UU. para ser los primeros en llegar a la Luna. EE. UU. ganó la carrera en 1969.

LAS SONDAS ESPACIALES...
LA SUPERLISTA

NAVES ESPACIALES QUE ESTUDIAN EL SISTEMA SOLAR AHORA MISMO

(en orden desde el Sol)

1. **Sonda Solar Parker** Orbita cerca del Sol para observar el viento solar, el campo magnético y cómo fluye la energía en los bordes exteriores del Sol.
2. **Akatsuki** Estudia la atmósfera de Venus y el funcionamiento de sus nubes.
3. **ARTEMIS 1/P2** Investiga cómo el viento solar afecta a la Luna.
4. **Chandrayaan-2** Estudia la Luna y busca agua-hielo en su superficie o debajo de ella.
5. **Chang'e-4 (módulo de aterrizaje)** Explora la cara oculta de la Luna por primera vez en la historia.
6. **BepiColombo** De camino para estudiar Mercurio, adonde llegará en 2025.
7. **Mars Reconnaissance Orbiter (orbitador de reconocimiento de Marte)** Estudia el relieve, los minerales y el hielo en Marte.
8. **Curiosity Rover (módulo de aterrizaje)** Busca evidencias de vida en Marte y explora el cráter Gale, en donde aterrizó.
9. **Mangalyaan** Desarrolla tecnologías para futuras misiones del espacio mientras orbita Marte.
10. **MAVEN** Estudia cómo la atmósfera de Marte se ha perdido con el tiempo.
11. **Trace Gas Orbiter** Analiza los gases en la atmósfera de Marte.
12. **InSight (módulo de aterrizaje)** Estudia el interior profundo de Marte, incluidos los «martemotos», e investiga la estructura del planeta.
13. **Hayabusa 2** Investiga el asteroide 162173 Ryugu, además de recoger muestras.
14. **OSIRIS-REx** Estudia el asteroide 101955 Bennu, además de recoger muestras.
15. **Juno** Estudia Júpiter para averiguar cómo está hecho y cómo se formó.
16. **New Horizons** Estudia Plutón y explora los límites exteriores del sistema solar.

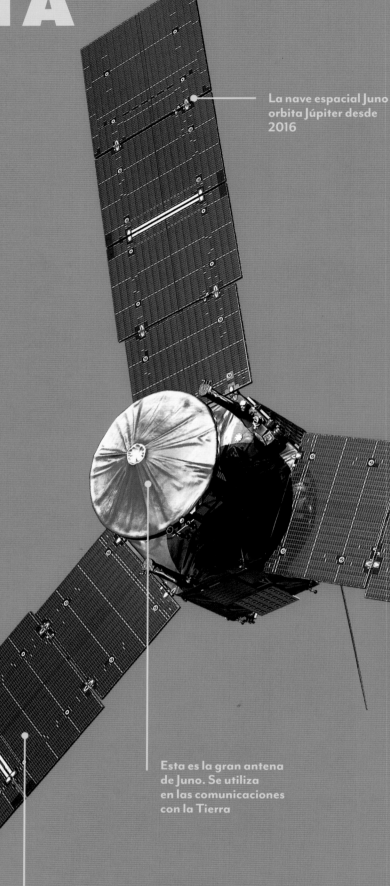

La nave espacial Juno orbita Júpiter desde 2016

Esta es la gran antena de Juno. Se utiliza en las comunicaciones con la Tierra

Juno es la nave espacial más lejana al Sol que funciona por medio de la energía solar

ASESOR ESPECIALIZADO: Dr. Clifford Cunningham **VER TAMBIÉN:** Investigar el espacio desde el espacio, pp. 18-19; Nuestro sistema solar, pp. 24-25; El Sol, pp. 26-27; Exploración planetaria, pp. 28-29; Planetas rocosos, pp. 30-31; Gigantes gaseosos, pp. 32-33; Lunas, pp. 34-35; Asteroides, pp. 36-37.

Los remolinos blancos
son enormes tormentas
que azotan la atmósfera
del planeta

El planeta Júpiter

Júpiter, como gigante de gas,
es el planeta más grande del sistema
solar. Esta vista de Júpiter la tomó
la nave espacial Juno mirando hacia
el polo sur del planeta, que está
en el extremo azul de esta imagen.

FIN DEL UNIVERSO

Dentro de 5.000 millones de años, la energía de nuestro Sol empezará a disminuir y se expandirá para convertirse en una estrella gigante roja que consumirá a la Tierra. Pero ¿qué pasará con el universo? La mayoría de los científicos coinciden en que morirá, pero no se muestran de acuerdo sobre cómo y cuándo ocurrirá. Según una teoría, el universo seguirá expandiéndose a un ritmo incluso más rápido. Al final estará todo tan diseminado que nada nuevo podrá formarse.

Conclusiones del Hubble

Todo se mueve en el universo. Al estudiar el universo con telescopios como el Hubble, los científicos han observado que las galaxias se expanden separándose unas de otras más rápidamente que en el pasado. Esto significa que la expansión se acelera.

¿CÓMO FINALIZARÁ EL UNIVERSO?

Las teorías sobre cómo puede ser el fin del universo son tres y compiten entre ellas: la gran implosión, la gran congelación y el gran desgarro. La mayoría de los científicos creen ahora que la gran congelación, también conocida como muerte térmica, es la más probable.

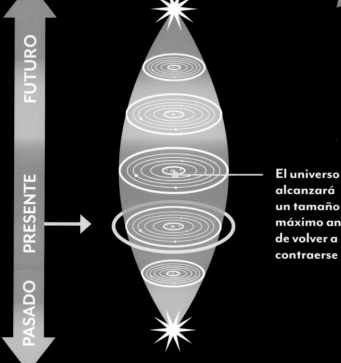

FUTURO — PRESENTE — PASADO

El universo alcanzará un tamaño máximo antes de volver a contraerse

La energía del universo seguirá extendiéndose para siempre

El gran desgarro lo romperá todo en el universo y no dejará nada

Gran implosión

La expansión del universo se frenará y luego se revertirá hasta llegar a una gran implosión. En este punto, un nuevo *big bang* tendrá lugar ¡y el universo empezará de nuevo!

Gran congelación

El universo seguirá expandiéndose. Al final, la energía del universo quedará tan extendida que no podrán formarse nuevas estrellas o planetas. Este estado se conoce como gran congelación o muerte térmica.

Gran desgarro

La expansión del universo se acelerará tan deprisa que lo desintegrará todo, empezando por las galaxias y luego destruyendo estrellas, planetas e incluso átomos.

ASESORA ESPECIALIZADA: Michelle Thaller **VER TAMBIÉN:** El *big bang*, pp. 6-7; Estrellas, pp. 12-13; Nebulosas, pp. 14-15; Investigar el espacio desde el espacio, pp. 18-19; Agujeros negros, pp. 20-21; El Sol, pp. 26-27.

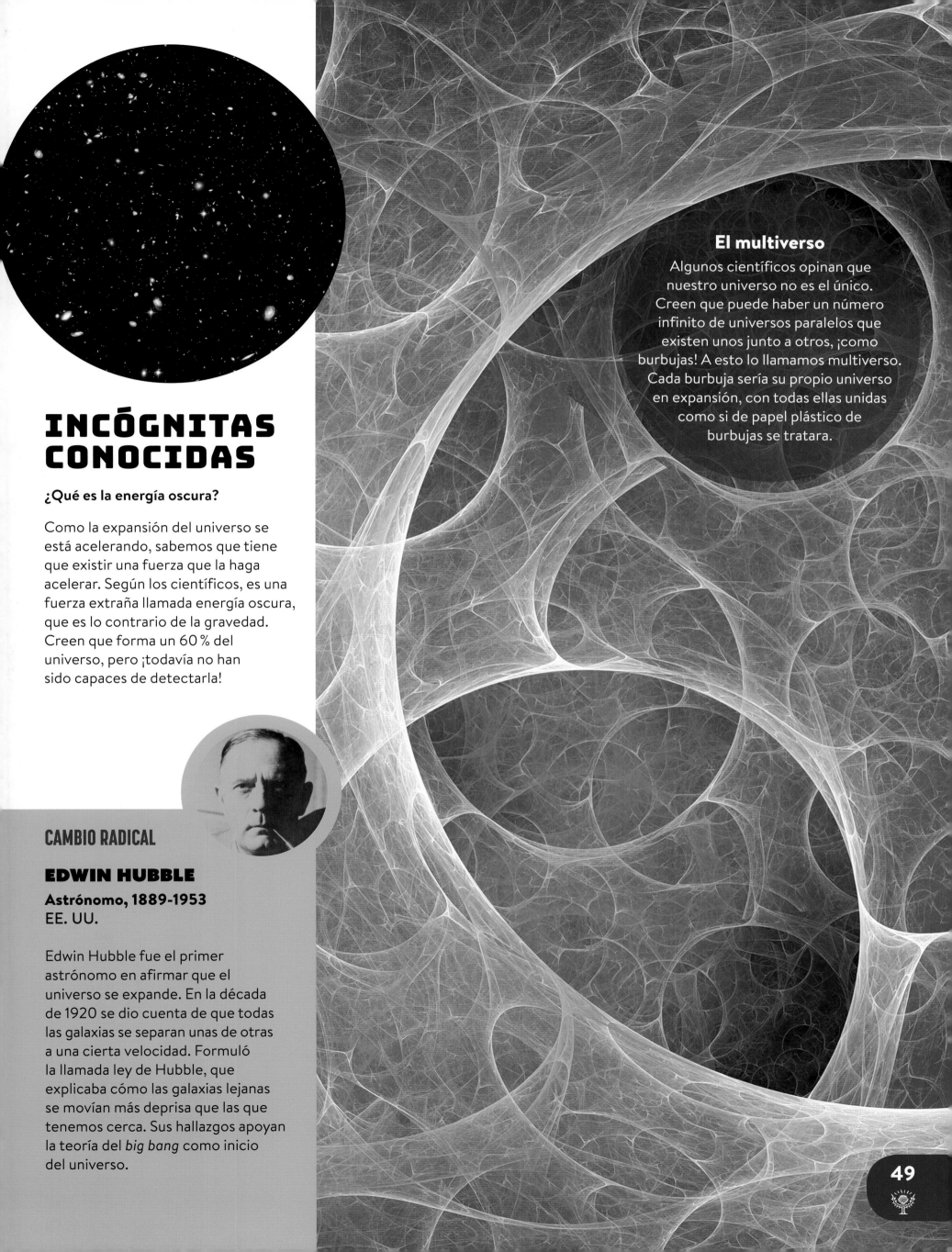

INCÓGNITAS CONOCIDAS

¿Qué es la energía oscura?

Como la expansión del universo se está acelerando, sabemos que tiene que existir una fuerza que la haga acelerar. Según los científicos, es una fuerza extraña llamada energía oscura, que es lo contrario de la gravedad. Creen que forma un 60 % del universo, pero ¡todavía no han sido capaces de detectarla!

CAMBIO RADICAL

EDWIN HUBBLE

Astrónomo, 1889-1953
EE. UU.

Edwin Hubble fue el primer astrónomo en afirmar que el universo se expande. En la década de 1920 se dio cuenta de que todas las galaxias se separan unas de otras a una cierta velocidad. Formuló la llamada ley de Hubble, que explicaba cómo las galaxias lejanas se movían más deprisa que las que tenemos cerca. Sus hallazgos apoyan la teoría del *big bang* como inicio del universo.

El multiverso

Algunos científicos opinan que nuestro universo no es el único. Creen que puede haber un número infinito de universos paralelos que existen unos junto a otros, ¡como burbujas! A esto lo llamamos multiverso. Cada burbuja sería su propio universo en expansión, con todas ellas unidas como si de papel plástico de burbujas se tratara.

MICHELLE THALLER
Astrónoma

¿Qué le hizo estudiar Astronomía?
Decidí estudiar las estrellas cuando me di cuenta de que son las responsables de la existencia de todos los átomos de nuestro cuerpo, excepto los más simples, que se formaron en el *big bang*. Tenemos la sangre roja por una pequeña cantidad de hierro que contiene, y lo único que fabrica hierro en el universo es una estrella moribunda, al explotar con violencia.

¿Qué le interesa más de todo lo que se investiga en su campo?
¡Creo que podemos estar muy cerca de descubrir vida fuera de la Tierra! Es probable que la primera vida que encontremos sea algo sencilla. Podría ser como nuestras bacterias, o células muy simples. En nuestro propio sistema solar existen lugares diversos que reúnen las condiciones: lugares como Marte, o las lunas de Júpiter y Saturno.

¿Qué parte de su trabajo le gusta más?
Me gusta trabajar en observatorios. Hay algo mágico en estar despierta toda la noche, muchas veces en lo alto de una montaña, con un telescopio gigante: este enorme pero a la vez delicado instrumento tecnológico te muestra cosas completamente nuevas sobre el universo.

MICHAEL G. SMITH
Historiador del espacio

¿Qué tiene de interesante su trabajo?
Me gusta descubrir los misterios de la historia. Mi trabajo como historiador se desarrolla en las bibliotecas y fondos, donde busco entre documentos ocultos en antiguos archivos y encuentro testimonios del pasado. A veces es un hecho sorprendente, o una idea. Otras veces es un detalle que solamente toma sentido más tarde. Siempre es divertido e inspirador descubrir una pieza de un puzle que encaja con otras para componer una imagen más completa del pasado.

¿Qué retos se plantean en su campo?
Cómo hacer exploración espacial, colonizaciones en lugares como las estaciones espaciales, y nuevos hogares planetarios, que cuestan menos y duran más tiempo. Sabemos que la Tierra es vulnerable como planeta, así que necesitamos encontrar una manera de vivir en el espacio exterior, en lugar de solo visitar el espacio de vez en cuando o de explorarlo con los robots de las naves espaciales.

TOBY BROWN
Astrofísico

¿Qué le gustaría más descubrir?
¿Cómo evolucionan las galaxias? Esa es la pregunta que está en el centro de mi investigación. Descubrir los orígenes de las galaxias, incluso de nuestra Vía Láctea, es fundamental para entender la propia historia de la humanidad.

¿Qué incógnita queda por resolver en su campo?
¿Por qué las galaxias dejan de formar estrellas? En la mayoría de los casos, las galaxias o forman estrellas activamente o han dejado de formarlas hace miles de millones de años. Entender el porqué es lo que está en el corazón de mi campo. Y, a pesar del enorme esfuerzo que se ha hecho en las últimas décadas, seguimos lejos de ofrecer una respuesta completa.

El espacio
¡EL QUIZ!

1) ¿Cuál de los siguientes elementos eran los únicos que existían poco después de que el universo se formara?
- a. Hidrógeno y helio
- b. Hidrógeno y oxígeno
- c. Carbón e hidrógeno
- d. Helio y oxígeno

2) En 1965, los astrónomos americanos Arno Penzias y Robert Woodrow Wilson creyeron que las lecturas de su radiotelescopio se habían visto alteradas por:
- a. Gamberros
- b. Un concierto de pop cercano
- c. Extraterrestres
- d. Excrementos de paloma

3) ¿Qué es lo opuesto a materia?
- a. Materia negativa
- b. Antimateria
- c. Ceromateria
- d. No materia

4) ¿En qué brazo espiral de la Vía Láctea se encuentra la Tierra?
- a. En el brazo de Orión
- b. En el brazo de Perseo
- c. En el brazo mayor
- d. En el brazo de Norma

5) ¿Aproximadamente en cuánto tiempo la Vía Láctea hace una rotación completa?
- a. 24 años
- b. 240 años
- c. 24.000 años
- d. 240 millones de años

6) ¿Cuál de estas constelaciones no puede verse desde el hemisferio norte?
- a. Orión
- b. Casiopea
- c. La Osa Mayor
- d. La Cruz del Sur

7) ¿Qué instrumento científico se usó primero por los antiguos astrónomos griegos para situar las estrellas en el cielo nocturno?
- a. Telescopio
- b. Astrolabio
- c. Planetario
- d. Oráculo

8) ¿En qué año se lanzó el telescopio espacial Hubble?
- a. 1980
- b. 1990
- c. 2000
- d. 2010

9) ¿Qué pruebas encontró el Curiosity Rover de la NASA de la existencia de corrientes de agua en Marte?
- a. Cristales de hielo
- b. Guijarros
- c. Valvas
- d. Tubos de desagüe

10) ¿Entre qué dos planetas se extiende el cinturón de asteroides?
- a. Júpiter y Saturno
- b. Marte y Saturno
- c. Saturno y Neptuno
- d. Marte y Júpiter

11) Titán, la luna de Saturno, tiene líquido deslizándose en su superficie. Este líquido es similar a:
- a. Agua
- b. Lodo
- c. Ectoplasma
- d. Gasolina

12) ¿Hasta cuántas personas a la vez viven en la Estación Espacial Internacional?
- a. 3
- b. 6
- c. 12
- d. 24

13) ¿Cuál de los siguientes NO es el nombre de una teoría sobre cómo acabará el universo?
- a. Gran implosión
- b. Gran congelación
- c. Gran carro
- d. Gran desgarro

14) El astrónomo Edwin Hubble es famoso por descubrir que el universo se:
- a. Expande
- b. Contrae
- c. Calienta
- d. Enfría

RESPUESTAS: 1) a, 2) d, 3) b, 4) a, 5) d, 6) d, 7) b, 8) b, 9) b, 10) d, 11) d, 12) b, 13) c, 14) a

GLOSARIO

agujero de gusano Un paso que conecta directamente desde un agujero negro a una parte distante del universo. Su existencia no ha sido probada todavía.

antimateria Materia que es lo contrario a la materia ordinaria. Es mucho más rara en el universo que la materia ordinaria. Átomos de antimateria tienen un núcleo con carga negativa rodeado de electrones con carga positiva. Cuando la materia y la antimateria se encuentran, se destruyen mutuamente y producen una explosión de energía.

asteroide Un objeto sólido natural que orbita el Sol pero que es más pequeño que un planeta. Los asteroides suelen tener una forma irregular y abultada.

astrolabio Instrumento histórico para medir el ángulo de las estrellas y planetas sobre el horizonte de la Tierra. Se utilizaba en astronomía y como ayuda para la navegación.

atmósfera La capa de gas alrededor de muchos planetas, satélites y estrellas.

átomo Uno de los «ladrillos» de la materia ordinaria. Un átomo tiene un centro pequeño pero pesado llamado núcleo, con una carga eléctrica positiva, alrededor del cual orbitan partículas cargadas negativamente más ligeras llamadas electrones.

brazo Zona brillante de una galaxia que parte en espiral desde el centro.

coma Los gases y pequeñas partículas que se desprenden de un cometa cuando este se acerca al Sol y se calienta, formando un halo alrededor de la cabeza del cometa.

densidad La masa o peso que algo tenga por su tamaño (volumen).

energía El fenómeno del universo que provoca el cambio. Se define también como la capacidad para hacer un trabajo.

energía oscura Un fenómeno todavía misterioso que según se cree forma la mayor parte de la energía en el universo y hace que se expanda más deprisa.

gas Una forma de materia en la que los átomos individuales o moléculas se mueven con independencia unos de otros, en lugar de permanecer pegados entre sí como ocurre en líquidos y sólidos.

gravedad La fuerza que atrae toda la materia en el universo.

horizonte de sucesos El borde de un agujero negro, más allá del cual la gravedad es tan fuerte que ni siquiera la luz escapa a ella, y así no puede verse nada de lo que ocurre dentro.

lente Dispositivo que refracta y enfoca la luz de modo que puede crearse una imagen de un objeto.

manto La gruesa capa de roca bajo la corteza de la Tierra, o capas similares en otros planetas rocosos.

materia Todas las sustancias en el universo, todo lo que tiene peso o masa, todos los átomos incluidos.

meteoro Cualquier pequeña partícula sólida que entre en la atmósfera de la Tierra desde el espacio a gran velocidad, produciendo un rastro luminoso. Si alcanza la superficie, se lo llama meteorito. Dichas partículas, antes de entrar en la atmósfera de la Tierra, reciben el nombre de meteoroides.

microscopio electrónico Microscopio que trabaja usando y detectando haces de electrones en lugar de luz. Puede ver objetos mucho más pequeños que un microscopio óptico.

órbita La ruta de un cuerpo en el espacio, como un planeta, luna o satélite artificial, cuando da vueltas alrededor de un cuerpo mayor bajo la influencia de la gravedad.

radiación Haces de partículas o energía a alta velocidad.

radiación electromagnética Radiación que transmite energía en forma de olas que viajan a la velocidad de la luz. Incluye la luz visible, las ondas infrarrojas, las ondas de radio y los rayos X.

radiación infrarroja Un tipo de radiación electromagnética que transmite calor pero es invisible a simple vista.

refracción El cambio de dirección o inclinación de las ondas cuando pasan de una sustancia a otra, como las ondas de luz que pasan del aire al agua.

satélite Un cuerpo natural o artificial que orbita un planeta. A los satélites naturales también se los llama lunas.

silicato Cualquier sustancia, normalmente una roca, que esté compuesta principalmente de los elementos silicio y oxígeno. Las rocas silíceas son las rocas principales en la corteza terrestre.

singularidad Punto de infinita densidad, en donde las leyes ordinarias de la física se rompen. La teoría científica predice que las singularidades podrían existir en los centros de los agujeros negros.

sonda Nave espacial sin tripulación enviada para explorar un área del espacio y enviar información de vuelta.

sublimación Pasar de gas a sólido al calentarse, sin pasar por un estado líquido.

viento solar Corrientes de pequeñas partículas en movimiento rápido, sobre todo electrones y protones, emitidas por el Sol.

ÍNDICE

53

FUENTES

El proceso de investigación para este libro tuvo diversas etapas. El autor utilizó una gran variedad de fuentes fiables para cada tema, y luego los comprobadores de datos usaron fuentes adicionales para asegurarse de que cada hecho fuera correcto. Además, cada tema pasó por la revisión de un especialista para su exactitud. El resultado fue una abundancia de fuentes mayor que el espacio del que disponemos para citarlas. La lista de especialistas figura junto a la página de los créditos. A continuación, se enumera una pequeña muestra de las fuentes utilizadas por el autor para cada una de las dobles páginas.

pp. 6-7 *The Big Bang Theory: How the Universe Began*, www.livescience.com; Dunkley, Jo. *Our Universe: An Astronomer's Guide* (Londres: Pelican, 2019); Howell, Elizabeth. *What is the Big Bang Theory?*, www.space.com; *NASA Science Space Place*, spaceplace.nasa.gov; Wood, Charlie. *Planck Mission*, planck.cf.ac.uk.
pp. 8-9 Cartwright, Jon. *What Is a Galaxy?*, www.sciencemag.org; Fountain, Henry. *Two Trillion Galaxies, at the Very Least*, www.nytimes.com; Greshko, Michael. *Galaxies, explained*, www.nationalgeographic.com.
pp. 10-11 Hurt, R. *Annotated Roadmap to the Milky Way*, www.spitzer.caltech.edu; Imster, Eleanor y Deborah Byrd. *New map confirms 4 Milky Way arms*, earthsky.org; Taylor Redd, Nola. *Milky Way Galaxy: Facts About Our Galactic Home*, www.space.com. **pp. 12-13** *The Life Cycles of Stars: How Supernovae Are Formed*, imagine.gsfc.nasa.gov; *What is the Life Cycle Of The Sun?*, www.universetoday.com.
pp. 14-15 Dunbar, Brian. *The Pillars of Creation*, www.nasa.gov; Simoes, Christian. *Types of nebulae*, www.astronoo.com; Williams, Matt. *Nebulae: What Are They And Where Do They Come From?* www.universetoday.com.
pp. 16-17 *The Constellations*, www.iau.org; Sagan, Carl. *Cosmos* (Londres: Abacus, 2003). **pp. 18-19** *Comparison of Hubble and James Webb mirror (annotated)*, www.spacetelescope.org. *Engineering Webb Space Telescope*, www.jwst.nasa.gov; *JWST Instruments Are Coming In From The Cold*, www.sci.esa.int.
pp. 20-21 *Anatomy of a Black Hole*, www.eso.org; O'Callaghan, Jonathan. *Astronomers reveal first-ever image of a black hole*, horizon-magazine.eu; Wood, Johnny. *Stephen Hawking's final theory on black holes has been published, and you can read it for free*, www.weforum.org.
pp. 22-23 Brennan, Pat. *Will the «first exoplanet», please stand up?* exoplanets.nasa.gov; *Nasa's Kepler Mission Discovers Bigger, Older Cousin to Earth*, nasa.gov; Summers, Michael. *Exoplanets* (Washington, D.C., EE. UU.: Smithsonian Books, 2018); Tasker, Elizabeth. *The Planet Factory: Exoplanets and the Search for a Second Earth* (Londres: Bloomsbury Sigma, 2017); Wenze, John. *How the first exoplanets were discovered*, astronomy.com.
pp. 24-25 O'Callaghan, Jonathan. *Voyager 2 Spacecraft Enters Interstellar Space*, www.scientificamerican.com; Williams, Matt. *How Long is Day on Mercury?*, www.universetoday.com. **pp. 26-27** Gleber, Max. *CME Week: The Difference Between Flares and CMEs*, www.nasa.gov; *The Mystery of Coronal Heating*, www.science.nasa.gov; *Sun Facts*, www.theplanets.org. **pp. 28-29** Choi, Charles Q. *There May Be Active Volcanoes on Venus: New Evidence*, www.space.com; Howell, Elizabeth. *What Other Worlds Have We Landed On?*, www.universetoday.com; *Mars Curiosity Rover*, www.mars.nasa.gov. **pp. 30-31** *An Interior Made Up of Different Layers*, www.seis-insight.eu; *MercuryTransit on May 7, 2003*, www.eso.org; Pyle, Rod y James Green. *Mars: The Missions That Have Transformed Our Understanding of the Red Planet* (Londres: Andre Deutsch, 2019). **pp. 32-33** Mathewson, Samantha. *Jupiter's Great Red Spot Not Shrinking Anytime Soon*, www.space.com; Williams, Matt. *What are Gas Giants?* www.universetoday.com. **pp. 34-35** *A unique look at Saturn's ravioli moons*, www.mpg.de; Greshko, Michael. *Discovery of 20 new moons gives Saturn a solar system record*, www.nationalgeographic.com; *Inside the Moon*, moon.nasa.gov. **pp. 36-37** Black, Riley. *What Happened the Day a Giant, Dinosaur-Killing Asteroid Hit the Earth*, www.smithsonian.mag; Starkey, Natalie. *Catching Stardust: Comets, Asteroids and the Birth of the Solar System* (Londres: Bloomsbury Sigma, 2018); Stern, Alan y David Harry Grinspoon. *Chasing New Horizons: Inside the Epic First Mission to Pluto* (Nueva York: Picador, 2018).
pp. 38-39 *Dwarf Planets: Science & Facts About the Solar System's Smaller Worlds*, www.space.com; *Kuiper Belt*, Space.com; *The Oort cloud*, spaceguard.rm.iasf.cnr.it.
pp. 40-41 Lieberman, Bruce. *If It Works, This Will Be the First Rocket Launched From Mars*, www.airspacemag.com; *Robert Goddard: A Man and His Rocket*, www.nasa.gov; *Saturn V*, www.nasa.gov. **pp. 42-43** *ESA commissions world's first space debris removal*, www.esa.int; Howell, Elizabeth. *CubeSats: Tiny Payloads, Huge Benefits for Space Research*, www.space.com; *Point Nemo, Earth's watery graveyard for spacecraft*, phys.org. **pp. 44-45** Hadfield, Chris. *An Astronaut's Guide* (Londres: Pan Macmilan, 2015); Tyson, Neil deGrasse y Avis Lang. *Space Chronicles: Facing the Ultimate Frontier* (Nueva York: W.W. Norton, 2012).
pp. 46-47 *Juno*, www.nasa.gov; *Space Probes*, www.history.nasa.gov. **pp. 48-49** Clegg, Brian. *Dark Matter and Dark Energy* (Londres: Icon Books, 2019); Moskowitz, Clara. *5 Reasons We May Live in a Multiverse*, www.space.com; Woollaston, Victoria. *A Big Freeze, Rip or Crunch: how will the Universe end?* www.wired.com.

CRÉDITOS DE LAS IMÁGENES

El editor desea agradecer a las siguientes compañías o personas su permiso para reproducir sus fotografías e ilustraciones. Se han hecho todos los esfuerzos posibles para asignar las imágenes, pero el editor se disculpa por cualquier error u omisión y efectuará las correcciones que se revelen necesarias en futuras ediciones del libro.

Clave: arriba (a), abajo (b), izquierda (i), derecha (d), centro (c).

p. 4 istock/hadzi3; **p. 7a** WMAP Science Team/NASA; **p. 7ci** istock/Bullet_Chained; **p. 7c** 123rf.com/creepycube; **p. 7cd** Imagen cortesía de Sarah Tuttle; **p. 7bc** Cavan Images/Superstock; **p. 8d** Alan Dyer/VWPics/Superstock; **p. 9a** NASA Image Collection/Alamy; **p. 9ci** GL Archive/Alamy; **p. 9bc** 123rf.com/Nikolia Titov; **p. 13ad** ESA/Hubble/NASA; **p. 13cd** Imagen cortesía de Ian Morison; **p. 14ci** NASA; **p. 14-15c** 123rf.com/nasaimages; **p. 15ad** NASA; **p. 15acd** Giusseppe Carmine Iaffaldano/Roberto Colombari/NASA; **p. 15bc** istock/erierika; **p. 16bi** Library of Congress; **p. 16bd** 123rf.com/Dmytro Kozyrskyi; **p. 17cd** istock/

habari1; **p. 17bi** Bettman/Getty; **pp. 18-19** NASA (fondo); **pp. 18-19** istock/alex-mitt (telescopio); **p. 20** Xinhua/Alamy; **p. 21ci** 123rf.com/Olga Popova; **p. 21bi** Goddard Space Flight Center/NASA; **p. 21bc** istock/vladwel; **p. 22ac** NASA; **p. 22b** Science Photo Library/Lynette Cook; **p. 23ad** CXC/M. Weiss/NASA; **p. 23cd** Southwest Research Institute; **p. 23bc** Ames/JPL-Caltech/T. Pyle/NASA; **p. 24bi** istock/OstapenkoOlena; **p. 24bd** Dreamstime/Planetfelicity; **p. 25ci** World History Archive/Superstock; **pp. 26-27** Stocktrek Images/Superstock; **p. 28** JPL-Caltech/MSSS/NASA; **p. 28ci** JPL-Caltech/MSSS/NASA; **p. 28bi** NASA; **p. 29a** NASA/Superstock; **p. 29cd** Imagen cortesía de Rudi Kuhn; **p. 29bi** JPL/NASA; **p. 30bi** NASA Image Collection/Alamy; **p. 30bd** Dreamstime/Nitoshevikova; **p. 31a** JPL/USGS/NASA; **p. 31b** NASA; **p. 32** istock/3quarks; **p. 33ai** JPL-Caltech/SwRI/MSSS/Gerald Eichstädt/Seán Doran © CC NC SA/NASA; **p. 33ad** istock/CoreyFord; **p. 33ci** ESA, A. Simon (Goddard Space Flight Center) y M.H. Wong (University of California, Berkeley)/NASA;

p. 33cd Encyclopaedia Britannica, Inc.; **p. 33bi** istock/3quarks; **p. 34bd** Neil A. Armstrong/NASA; **p. 35ad** MediaNews Group/Boulder Daily Camera/Getty; **p. 35cd** Foster Partners ESA; **p. 36** istock/estt; **p. 36ad** Kike Calvo/Getty; **p. 37ai** Dreamstime/Mircovon; **p. 37ad** Science Photo Library/Superstock; **p. 37bd** JAXA/A. IKESHITA/MEF/ISAS; **p. 38ci** NASA Photo/Alamy; **p. 38d** NASA; **p. 39bi** Science Photo Library/Mark Garlick; **p. 40ad** istock/VickiVector; **p. 41ai** Space X/NASA; **p. 41d** NASA; **p. 41bi** istock/Yevhenii Dorofieiev; **p. 43ci** NASA; **p. 43cd** Imagen cortesía del doctor Clifford Cunningham; **p. 43bi** ESA; **p. 44bc** NASA; **p. 45ac** istock/Samtoon; **p. 45ad** NASA; **p. 45ci** NASA; **p. 45bc** NASA; **p. 45bd** NG Images/Alamy; **p. 46** JPL/NASA; **p. 47** Stocktrek Images/Alamy; **p. 48a** NASA; **p. 49ai** NASA; **p. 49ci** NASA; **p. 49d** istock/sakkmesterke; **p. 50** Imagen cortesía de Michelle Thaller; imagen cortesía de Michael G. Smith; imagen cortesía de Toby Brown.

ESPECIALISTAS

Tracy M. Becker, Southwest Research Institute, San Antonio, EE. UU. **Dr. Toby Brown**, McMaster University, Hamilton, Canadá. **Dr. Clifford Cunningham**, University of Southern Queensland, Toowoomba, Australia. **Pablo de León**, University of North Dakota, Grand Forks, EE. UU. **Rudi Kuhn**, Observatorio Astronómico de Sudáfrica, Pretoria, Sudáfrica. **Ian Morison**, 35.º profesor de Astronomía de Gresham, Macclesfield, Reino Unido. **Profesor Michael G. Smith**, Purdue University, West Lafayette, EE. UU. **Dra. Michelle Thaller**, NASA Goddard Space Flight Center, Greenbelt, EE. UU. **Sarah Tuttle**, University of Washington, Seattle, EE. UU.

Papel certificado por el Forest Stewardship Council®

Penguin
Random House
Grupo Editorial

Título original: *All New Kids Encyclopedia. Universe*
Primera edición: noviembre de 2020

Publicado por primera vez en EE.UU. en 2020

© 2020 What on Earth Publishing Ltd. and Britannica, por el texto
© 2020 What on Earth Publishing Ltd. and Britannica, Inc., por las ilustraciones,
excepto lo señalado en los créditos de página 56.
© 2021, Penguin Random House Grupo Editorial, S.A.U.
Travessera de Gràcia, 47-49. 08021 Barcelona
© 2021, Francesc Reyes Camps, por la traducción

Desarrollado por Toucan Books
Dirección artística y diseño de la cubierta: Andy Forshaw
Ilustración de la cubierta y rotulación: Justin Poulter
Imágenes de la cubierta: istock /manjik; /jamesbenet;
/MARHARYTA MARKO; /parameter; /hadzi3
Ilustraciones interiores: Mark Ruffle y Jack Tite
Prefacio: J. E. Luebering
Edición: Christopher Lloyd
Texto: Jonathan O'Callaghan
Lista de asesores especializados en p. 56

Printed in Spain – Impreso en España

ISBN: 978-84-18483-51-6
Depósito legal: B-15.123-2021

Compuesto en Comptex&Ass., S. L.
Impreso en Soler Talleres Gráficos
Esplugues de Llobregat (Barcelona)

GT 8 3 5 1 6